Wilfried Peper
West Highland White Terrier

Herausgegeben unter dem Patronat des
Verbandes für das Deutsche Hundewesen
e.V., 44141 Dortmund

Wilfried Peper

West Highland White Terrier

Praktische Ratschläge für Haltung, Pflege und Erziehung

7., neu bearbeitete und erweiterte Auflage
Mit 64 Abbildungen, davon 38 farbig

Parey Buchverlag Berlin 1996

Parey-Buchverlag im
Blackwell Wissenschafts-Verlag
Kurfürstendamm 57, D-10707 Berlin

Das Kapitel „Gesundheit" wurde von Dr. med. vet. Peter Brehm verfaßt; das Kapitel „Ernährung" von Dipl. vet. med. Lutz Salomon, ausgenommen der Abschnitt „Wichtige Tips zur Fütterung Ihres Hundes".

Die Wiedergabe von Gebrauchsnamen, Handelsnamen, Warenbezeichnungen usw. in diesem Buch berechtigt auch ohne besondere Kennzeichnung nicht zu der Annahme, daß solche Namen im Sinne der Warenzeichen- u. Markenschutzgesetzgebung als frei zu betrachten wären und daher von jedermann benutzt werden dürften.

Die Deutsche Bibliothek – CIP-Einheitsaufnahme

West Highland White Terrier : praktische Ratschläge
für Haltung, Pflege und Erziehung / Wilfried Peper. –
7., neu bearb. und erw. Aufl. – Berlin : Parey, 1996
(Dein Hund)
ISBN 3-8263-8408-3

NE: Peper, Wilfried

1. bis 6. Auflage: © 1984–1993 Paul Parey, Hamburg
7., neub. u. erw. Auflage: © 1996 Blackwell Wissenschafts-Verlag, Berlin · Wien

Einbandgestaltung: Rudolf Hübler, Berlin, unter Verwendung einer Abbildung aus dem Archiv des Autors.
Satz und Repro: Type-Design, Berlin
Druck und Bindung: Grafos S.A., Barcelona

Gedruckt auf chlorfrei gebleichtem Papier

Printed in Germany • ISBN 3-8263-8408-3

Vorwort zur siebten Auflage

Der West Highland White Terrier zählt weltweit zu den beliebtesten Terrierrassen. In Großbritannien, den USA und den skandinavischen Ländern begann sein Siegeszug bereits in den ersten Jahrzehnten dieses Jahrhunderts; in der Bundesrepublik Deutschland und im gesamten deutschsprachigen Raum hat die Rasse hingegen erst in den letzten Jahren eine große und stetig steigende Zahl von Anhängern gefunden – und nichts spricht für eine Trendwende. Im Gegenteil. Niemanden, der die wirklichen Vorzüge des Weißen Hochländers kennt, kann dies verwundern – verkörpert dieser ungemein attraktive Nachfahre der alten schottischen Jagdterrier doch nach wie vor eine faszinierende Mischung aus Selbstbewußtsein und Freundlichkeit, Charme und Härte, Intelligenz und Aktivität.

Die gegenwärtige Beliebtheitswelle birgt indessen auch Risiken – lehrt uns doch die Erfahrung, daß plötzliche Popularität eine Hunderasse zuweilen nachhaltig gefährden kann: Nur zu häufig traten in ihrem Gefolge nämlich eine unter kommerziellen Gesichtspunkten betriebene Vermehrung an die Stelle verantwortungsbewußter Zucht, der Prestigekauf an die Stelle artgerechter Haltung. Und diese Situation ist da. Hemmungslose

Vermehrer und skrupellose Hundehändler finden bei Spontan- und Prestigekäufern, die nicht auf einen Welpen aus kontrollierten Zuchten warten mögen, dankbare Abnehmer für Hunde, die mit West Highland White Terriern nach Exterieur und Wesen oft nur noch die Rassebezeichnung gemein haben. Nicht zuletzt deshalb sollten alle wirklichen Liebhaber der Rasse ehrlich bemüht sein, ihren Weißen Hochländer artgerecht zu halten, und alle Züchter sollten sich verpflichtet fühlen, diese Rasse in jeder Hinsicht standardgerecht zu bewahren und das Zuchtniveau so zu verbessern, daß nicht nur Ausstellungshunde, sondern auch schlichte Liebhaberhunde als typische Vertreter ihrer Rasse erkennbar sind.

Dieses Buch über den West Highland White Terrier soll dazu beitragen, aus Interessierten, die eine faszinierende Rasse für sich entdeckt haben, informierte und kritische Partner von Züchtern zu machen. Denen, die als Halter, Züchter und Aussteller bereits einen Westie besitzen, soll es die Informationen vermitteln, die notwendig sind, um die Freunde der Rasse vor Fehlern und die Rasse selbst vor Schaden zu bewahren.

Dortmund, im Frühjahr 1996
Dr. Wilfried Peper

5

„DER **FORMULA QUALITY STANDARD** SETZT
NEUE MASSTÄBE IN DER HUNDE-ERNÄHRUNG.“

(Dr. Ivan Burger, leitender Ernährungswissenschaftler in unserem Waltham® Centre für Heimtierhaltung und -ernährung)

Neue Erkenntnisse in der Hunde-Ernährung fordern neue Maßstäbe: Den **FORMULA QUALITY STANDARD.**

Dieser Standard ist das Resultat eingehender Studien unserer Ernährungswissenschaftler und Tierärzte in **Waltham®**, der Welt-Autorität für Heimtierhaltung und -ernährung.

Der **FORMULA QUALITY STANDARD** verlangt höchste Qualität der Zutaten und gewährleistet eine optimale Verdaulichkeit. Außerdem werden **Protein-Quelle,** Beschaffenheit der Kohlenhydrate,

Vitamine und auch Mineralstoffe in der Hunde-Nahrung genau festgelegt, um das Risiko sensibler und allergischer Reaktionen so gering wie möglich zu halten.

Das Ergebnis: Die **ADVANCE FORMULA Range**. Hunde-Nahrung, die vollständig diesen höchsten Maßstäben entspricht und exakt auf Hunde ausgerichtet wurde, bei deren Ernährung **spezielle Ansprüche** erfüllt werden sollen.

Und welchem Standard entspricht die tägliche Ernährung Ihres Hundes?

Mit unseren Tierärzten entwickelt, von erfolgreichen Züchtern empfohlen.

ADVANCE FORMULA. Im führenden Fachhandel erhältlich. Bezugsquellen nennen wir Ihnen unter: 01 30/12 22 23

Inhalt

Der Hund braucht mehr als Fleisch – Das Verdauungssystem spaltet die
Nahrung auf – Hohe Energieausbeute nur bei hochverdaulicher Nahrung –
Eiweiße sind Baustoff, Energieträger und Wirkstoff zugleich – Wachsende
Hunde benötigen spezielle Nahrung – Fertignahrung ist hochwertig, sicher
und bequem – Wichtige Tips zur Fütterung des Hundes

Vorbeugen ist besser als Heilen – Erste Hilfe tut not – Alarmzeichen –
Infektionen bedrohen die Gesundheit – Impfungen schützen vor diesen
Infektionskrankheiten – Gegen andere Infektionen schützt Vorsicht –
Wurmkuren gegen unerwünschte Kostgänger – Gefahren für die
menschliche Gesundheit?

Colonel Malcolms Rassemanifest von 1906 (Faksimile)

Anschriften, die Sie kennen sollten – Literatur – Bildnachweis

Ursprung und Entwicklung der Rasse

Der West Highland White Terrier zählt zu den Nachfahren der alten schottischen Jagdterrier. Die wichtigsten Entwicklungslinien der Rasse sind

- die Poltalloch Terrier des Colonel Edward Donald Malcolm, Laird of Poltalloch,
- die White Skye Terrier des Duke of Argyll, die unter dem Namen Roseneath Terrier bekanntgeworden sind, und
- die White Scottish Terrier des Dr. Flaxman aus Fifeshire („Pittenweems").

Sie lassen sich zum Teil bis tief in das 19. Jahrhundert, das mit Recht auch als das Jahrhundert der Kynologie bezeichnet wird, hineinverfolgen.

"Boidheach."

Dabei muß man es nicht unbedingt nur für einen Zufall halten, daß die Rasse ihre Entstehung einigen Individualisten verdankt, die das nötige Selbstbewußtsein besaßen, sich über ein gängiges Vorurteil ihrer Zeitgenossen hinwegzusetzen, das weißen Terriern die Tauglichkeit zur Jagd absprach.

Statt die weißen beziehungsweise hell sandfarbenen Welpen, die in den Würfen der schottischen Arbeitsterrier jener Zeit immer wieder auftauchten, zu eliminieren, bauten zunächst der Duke of Argyll und Colonel Malcolm, später auch Dr. Flaxman ihre Zucht auf eben diesen Hunden auf.

Die Dukes of Argyll können mit einiger Sicherheit den ältesten Zweig der Vorläufer des West Highland White Terriers für sich in Anspruch nehmen. Der Geschichte, König James I. habe im frühen 17. Jahrhundert aus Argyllshire sechs kleine weiße Erdhunde als Geschenk für den französischen König erbeten und unter größten Sicherheitsvorkehrungen nach Frankreich verschiffen lassen, darf man sicherlich Glauben schenken. Und selbst wenn man der Aussage, es habe sich hierbei um Westies oder deren Vorläufer gehandelt, mit Skepsis begegnet, so steht doch eines außer Zweifel: Die Roseneath Terrier des Duke of Argyll waren bereits weit vor Ende des 19. Jahrhunderts bekannt

als Terrier mit reinweißem, wenn auch – zumindest nach überwiegend vertretener Meinung – weichem Haar; und die Frage, ob diese Hunde aus hellen Cairn Terriern oder kleinen hellen Skye Terriern oder beiden gezüchtet wurden, ist umstritten, weil sich gesicherte Spuren schon zu jener Zeit im Nebel des schottischen Hochlands zu verlieren schienen. Allerdings spricht vieles dafür, daß die vom Duke of Argyll selbst verwandte Bezeichnung, nämlich White Skye Terrier, was die Abstammung dieser Hunde anbetrifft, den Tatsachen recht nahe kommt, denn reinweißes weiches Haar aus Cairn Terriern zu erhalten, dürfte schwierig sein – und irgendwo müssen auch die bedauerlicherweise bei West Highland White Terriern selbst heute gelegentlich noch auftauchenden extrem langen Rücken ihren genetischen Ursprung haben.

Die Poltalloch Terrier des Colonel Malcolm sind unbestritten der wichtigste Zweig der Vorfahren des West Highland White Terriers. Beim Aufbau seiner Jagdmeute hatte das besondere Interesse des Colonel schon immer den Hunden unter seinen cairnartigen Arbeitsterriern gegolten, die von möglichst heller, in der Regel gebrochen weißer Farbe waren. Nach einem Jagdmalheur, bei dem er einen seiner rötlich-braunen Terrier mit einem Fuchs ver-

Drei aus dem Schottenclan: West Highland White, Skye und Scottish Terrier

wechselt und erschossen hatte, beschloß er dann, nur noch weiße Arbeitsterrier zu züchten. Diese weißen Poltallochs hatten ursprünglich harsches, 3 bis 7 cm langes Körperhaar, gelegentlich mit gelblichem Anflug und sandfarbenem Rückenstreifen, kurzes drahtiges Kopfhaar, kräftige Knochen, auffallend gerade Vorderläufe, ein relativ kurzes Vorgesicht, eine mächtige, nicht selten fleischfarbene Nase, riesige Zähne und kleine, überwiegend aufrecht getragene Ohren.

Der Colonel wurde im übrigen nicht müde zu betonen, daß er den „Poltalloch Terrier" nicht herausgezüchtet habe; sein Verdienst sei lediglich, diesen seit vielen Jahrzehnten im schottischen Hochland existierenden weißen Arbeitsterrier mit dem relativ kurzen Vorgesicht und der enormen Beißkraft besonders gefördert und auf seine Qualitäten aufmerksam gemacht zu haben. Konsequenterweise war er es dann auch, der anregte, diese Rasse solle nicht mehr seinen Namen, sondern den Namen West Highland White Terrier tragen.

Wie sehr Colonel Malcolm indessen mit seinen Vorstellungen den

Rassestandard des West Highland White Terriers geprägt hat, zeigt sich deutlich daran, daß bis 1924 Paarungen zwischen West Highland White und Cairn Terriern, deren Standard im übrigen erst nach (!) dem des WHWT anerkannt wurde, vom Kennel Club erlaubt waren. Als Hommage an Colonel Malcolm – und um seinen prägenden Einfluß in der für die Rasse letztlich entscheidenden Entwicklungsphase zu verdeutlichen – ist an den Schluß dieses Buches der Faksimile-Abdruck jenes berühmten Rassemanifests gestellt, das der Colonel im Jahre 1906 unter dem Titel „The White West Highland Terrier" in Harding Cox' Werk „Dogs by well known Authorities" veröffentlicht hat (S. 126).

Dr. Flaxman schließlich leistete den jüngsten Beitrag zur Rasseentwicklung. Er, der Intimfeind des Colonel Malcolm – eine Wertschätzung, die auf Gegenseitigkeit beruhte – züchtete seine weißen Scottish Terrier aus einer Aberdeen Terrierhündin, wobei anzumerken ist, daß Aberdeen Terrier die Vorläufer der heutigen Scottish Terrier sind. Es kann demnach nicht verwundern, daß dieser aus Scottish Terriern gezüchtete Schlag von West Highland White Terrier-Vorläufern einen ziemlich langen Schädel und ein relativ langes Vorgesicht besaß. Colonel Malcolm, der lange Schädel für falsch und kurze Vorgesichter für

wünschenswert hielt, wobei er sich in diesem Punkt mit seiner Vorstellung bei der Formulierung des Rassestandards auch durchsetzte, brandmarkte das als schwerwiegende Sünde wider den seines Erachtens „richtigen", das heißt anzustrebenden Rassetyp. Allerdings besaßen Dr. Flaxmans weiße Schotten neben gutem Haar noch einen Vorzug, den wir gerade heute züchterisch sehr zu schätzen wissen: ein vollständiges, lackschwarzes Pigment. Es mutet im übrigen schon fast tragisch an, daß Dr. Flaxman, selbst als die Auseinandersetzung mit Colonel Malcolm längst verloren war, unbeirrt verkündete, der West Highland White Terrier sei „nichts anderes als ein weißer Scotch Terrier".

Für die Richtigkeit der These des Colonel Malcolm, daß kräftige niederläufige Terrier von der Art des West Highland White Terriers schon zu Beginn des 19. Jahrhunderts im schottischen Hochland nicht unbedingt selten gewesen sein können, gibt es auch in der Malerei zahlreiche Beispiele. Insbesondere von Sir Edwin Landseer, Hofmaler der Queen Victoria, sind aus jener Zeit zahlreiche Werke mit kleinen weißen Terriern überkommen, die unschwer als die Vorläufer des West Highland White Terriers zu identifizieren sind. Insbesondere der 1839 von diesem Kenner des schottischen

„Eleven for Scotland" – eine frühe Aufnahme der Westies des Colonel Malcolm

Hochlands und seiner Hunde in „Dignity and Impudence" (Würde und Keckheit) dargestellte Terrierkopf kann selbst nach heutigen Maßstäben als durchaus rassetypisch für einen West Highland White Terrier angesehen werden. Gleiches gilt für Henry Alkens Terriergruppe aus dem Jahre 1820, in der sich auch ein Westievorläufer tummelt.

Die Anerkennung der Rasse unter dem Namen West Highland White Terrier durch den Britischen Kennel Club erfolgte im Jahre 1907. Vorausgegangen waren im Jahre 1904 die Gründung des West Highland White Terrier Club mit dem Duke of Argyll als Präsidenten und im Jahre 1906 die Gründung des West Highland White Terrier Club of England, dem die Countess of

Aberdeen und später Colonel Malcolm vorsaßen. Diese Clubs haben sich um den West Highland White Terrier insofern überragende Verdienste erworben, als sie der Zucht dieser Rasse mit einem kynologisch ebenso fundierten wie sorgfältig formulierten Rassestandard ein auf Dauer tragfähiges Fundament gaben und durch die Förderung einiger ebenso fähiger wie engagierter Züchter, insbesondere in den ersten Jahrzehnten dieses Jahrhunderts, beharrlich jenen vom Rassestandard geforderten Hund durchsetzten, der durch sein Wesen und sein äußeres Erscheinungsbild für sich selbst spricht.

Erster Champion der Rasse wurde der 1905 geworfene, auch als Vererber legendäre Rüde Ch. Morven. Von ihm führt ein langer, aber

13

konsequent beschrittener Weg über die 58 Wolvey-Champions, mit denen Mrs. May Pacey die Rasse so nachhaltig prägte, über die Champions der Zwinger Kendrum, Branston, Quakertown, Birkfell, Cedarfell, Famecheck, Justrite, Lasara und Tasman, um nur einige der wichtigsten zu nennen, hin zu Ch. Dianthus Buttons, der im Jahre 1976 als erster West Highland White Terrier auf „Cruft's Dog Show", der berühmtesten englischen Hundeschau, bester Hund der Ausstellung und damit Supreme Champion wurde. In der Folgezeit rückten dann einige jüngere Zwinger wie Kristajen, Kilbrannon, Crinan, Olac, Haweswalton und vor allem Ashgate mit beachtlichen Zuchterfolgen ins Rampenlicht. 1990 konnte Ch. Olac Moonpilot auf Cruft's sogar den Erfolg von Dianthus Buttons wiederholen. Vergleichbare Erfolge mit selbstgezüchteten Hunden errangen im Bereich der F.C.I. die holländischen Zwinger „of Low Rill" und „Caithness", vor allem aber der deutsche West Highland White Terrier-Zwinger „Peppermint", dessen Rüden und Hündinnen neben zahlreichen Best-

in-Show-Siegen auf bedeutenden nationalen und internationalen Ausstellungen seit 1984 nicht weniger als 6 F.C.I.-Weltsieger Titel errangen. Dabei konnten Ch. Peppermint Florence 1984 und Ch. Peppermint Enchantress 1987 jeweils die Terriergruppe der F.C.I.-Weltausstellung gewinnen und so ebenfalls Rassegeschichte schreiben. Nicht unerwähnt bleiben darf in diesem Zusammenhang schließlich, daß Ch. Ashgate Connel im Eigentum des spanischen Westie-Zwingers „Vallbonica" gleich viermal (1991, 1992, 1993 und 1995) den F.C.I-Weltsiegertitel gewann und damit Ch. Peppermint Drum Major übertraf, der diesen Titel zweimal errang.

Solche Entwicklungen zeigen mit erfreulicher Deutlichkeit, was erreichbar ist, wenn renommierte Zwinger in ihrem Bemühen, die Rasse weiter zu verbessern, auch international vertrauensvoll zusammenarbeiten.

Eine Entwicklung, die alle Freunde des West Highland White Terriers verpflichten sollte, die Rasse weiter zu verbessern und nicht nur zu vermehren.

Charakter und Eigenschaften der Rasse

Der West Highland White Terrier – ein Hund mit zwei Gesichtern?

Ein West Highland White Terrier von typischem Wesen ist ein Hund mit zwei Gesichtern: Dieser außerordentlich charmante und fröhliche Terrier, der mit seinem Chrysanthemenkopf dem Kindchenschema der Gestaltpsychologie so sehr entspricht, ist gleichzeitig ein unerschrockener, aktiver, vor Robustheit strotzender Hund, den man zum Selbstbewußtsein nicht erst ermuntern muß; er ist im häuslichen Kreis ein ausdauernder, gelehriger und liebenswürdiger Begleiter, der indessen nichts unversucht läßt, mit Charme, Raffinesse und Beharrlichkeit seinen Kopf durchzusetzen; er ist ein friedlicher, selbstbewußter Meutehund und ein idealer Spielgefährte für Kinder, der sich unkompliziert den jeweiligen Gegebenheiten anpaßt, und dennoch ein Hund, dem man seine Schärfe auf Raubzeug ansieht, der seinen ungebrochenen Jagdinstinkt immer wieder unter Beweis stellt und dessen mächtige Zähne größere Vierbeiner wie ungebetene Zweibeiner zu fürchten haben; ein Hund überdies, dessen durchdringender Blick Wachsamkeit und Intelligenz nicht nur vortäuscht.

Damit verkörpert der West Highland White Terrier in typischer Weise sowohl die schottische Devise „Nemo me impune lacessit" (Niemand fordert mich ungestraft heraus) als auch den balladenbesungenen zwiespältigen Nationalcharakter der Schotten, in dem sich, wie Allan Massie es ausdrückt, Nüchternheit und Funktionalität mit Romantik und Sehnsucht nach Vergangenem paaren.

Der Facettenreichtum seines Charakters, die ebenso beeindruckenden wie widersprüchlich erscheinenden Eigenschaften des Weißen Hochländers werden indessen erklärlich, wenn man einen Blick auf die ursprünglichen Lebensumstände des Hundes wirft. Ausgewiesene Kenner der schottischen Terrier insgesamt haben mit Recht darauf hingewiesen, daß der Verwendungszweck des WHWT ebenso wie die Landschaft, in der er und seine typischen Beutetiere leben, zahlreiche Verhaltensmerkmale und damit auch das Wesen dieser Rasse nachhaltig prägen mußten.

Sieben Wolvey-Westies (etwa 1930), die Mrs. Paceys züchterische Leistung dokumentieren

Im rauhen Klima der schottischen Highlands mit ihren Hochmooren und dornengestrüppbestandenen Heideflächen, auf denen der Wind jeden Baumwuchs verhindert, in einer Landschaft, die durch vielfältige Wasserläufe und Felshöhlen, durch Lochs (Fjorde und Seen), Glens (Täler), Bens (Berge) und Cairns (Stein- und Geröllhaufen) gekennzeichnet ist, mußten die West Highland White Terrier sich bei der Jagd auf Fuchs, Dachs und Fischotter bewähren, auf den Gehöften der Farmer wurden sie zur Vernichtung von Ratten und sonstigen Nagern gehalten.

Wegen der verbreiteten Vorurteile gegenüber weißen Arbeitsterriern lag es nahe, daß gerade weiße Hunde, was Raubzeugschärfe und Wesensfestigkeit anbetraf, einer besonders strengen, nach heutigen Maß-stäben wohl brutal zu nennenden Auslese unterzogen wurden: Weiße Hochländer, die nicht innerhalb einer bestimmten Zeit aus eigenem Antrieb eine bestimmte Zahl durchaus wehrhafter Nager vernichteten, wurden selbst eliminiert, so daß nur mit Hunden gezüchtet werden konnte, denen große Raubzeugschärfe und ein ausgeprägter Jagdtrieb eigen waren. Die Auslese auf diese Merkmale hin hat bis heute ihre Spuren hinterlassen. Da der West Highland White Terrier meistens in der Meute zum Jagdeinsatz kam, waren andererseits nur Hunde brauchbar, die sich gegenüber den anderen Meutehunden tolerant und freundlich verhielten; ein Westie durfte und darf also kein Raufer sein. Der strengen Beachtung dieses Kriteriums haben wir es zu danken, daß es bis heute bei

Westies mit Freund und
„Trophäen" zu Beginn des
Jahrhunderts

dieser Rasse problemlos möglich ist, eine größere Zahl von Hunden jeden Alters im Auslauf gemeinsam toben zu lassen, ohne die Harmonie der Meute durch Beißereien getrübt zu sehen. Im übrigen waren und sind Weiße Hochländer auch keine Kläffer, denn sie gehören als Terrier nicht zu den „lautjagenden Rassen", sondern zu den „stillen Fährtensuchern", die erst dann Laut geben, wenn sie die Beute gestellt haben. Außerdem sind die erprobten Otterjäger in der Regel auch heute noch begeisterte Schwimmer. Zähigkeit, Ausdauer und Beharrlichkeit waren gefordert beim Verfolgen des Fuchses; Mut und Intelligenz, Selbstbewußtsein und Unerschrockenheit waren zu beweisen, wenn es galt, Fuchs oder Dachs in ihrem Bau zu stellen und zu bekämpfen. Gegen solche Gegner hatten nur die Terrier eine Chance zu bestehen, die auch wesensmäßig zu den besten zählten. Allerdings ist auch überliefert, daß bei der Fuchsjagd gelegentlich die verwegensten und eifrigsten Westies verloren gingen, weil diese sich ihren Weg auch in unzugängliche Felsspalten erzwangen, aus denen sie weder entkommen noch befreit werden konnten. Captain Mackie charakterisierte diese schneidigen Jagdterrier nicht ohne Grund mit der Bemerkung: „Kein Wasser war ihnen jemals zu kalt, kein Erdloch (Bau) jemals zu tief." Nicht selten wurden noch im zweiten Jahrzehnt dieses Jahrhunderts West Highland White Terrier ausgestellt, deren Äußeres

17

deutliche Spuren ihrer Jagdeinsätze zeigte.

Wenn der West Highland White Terrier auch heute in der Regel nicht mehr zu seinen ursprünglichen Zwecken, sondern primär als Familien- und Begleithund genutzt wird, so machen ihn doch gerade die Eigenschaften, die seine Qualitäten als Jagdterrier bestimmten, insbesondere seine Art, sich nie unterkriegen zu lassen, in einer Zeit besonders schätzenswert, in der zahlreiche Hunderassen gerade im Verhaltensbereich zu Degenerationserscheinungen neigen. Es ist nicht ohne Reiz zu beobachten, mit welcher dreisten Selbstverständlichkeit ein West Highland White Terrier in einem Rudel mit wesentlich älteren und größeren Hunden anderer Rassen oft problemlos die Rolle des Rudelführers übernimmt.

Wie es seiner Wesensart entspricht, hat der West Highland White Terrier den Rollentausch vom schneidigen Jagdhund zum selbstbewußten Begleithund, der seinen Platz als anerkanntes Mitglied der Familie sichtbar genießt,

Vixen – Sir E. Landseers weiße Terrierhündin (1824)

wo sie sich lebhaft, fröhlich und aktiv am Familienleben beteiligen.

Wer allerdings seinen Westie als „Händlerhund" erwirbt oder bei jenen erbärmlichen Vermehrern, die ihre Welpen bei reiner Zwingerhaltung verblöden lassen, darf sich in dieser Hinsicht auf einige höchst unangenehme Überraschungen gefaßt machen. Schließlich soll nicht unerwähnt bleiben, daß die Weißen Hochländer schon sehr früh eine bemerkenswerte, für mobile Hundefreunde höchst angenehme Neigung haben: Sie fahren mit außergewöhnlicher Begeisterung Auto.

ohne Schwierigkeiten bewältigt. Die Anpassungsfähigkeit des Weißen Hochländers an die sich wandelnden Gegebenheiten menschlicher Zivilisation, ohne dabei jedoch seinen wachen Instinkt und seine Ursprünglichkeit zu verlieren, erregte, wie Rowland Johns uns überliefert hat, schon in den dreißiger Jahren einige Aufmerksamkeit. An dieser Fähigkeit hat sich bis heute nichts geändert: Selbst ältere Westies – sofern sie artgerecht aufgezogen und ihren Bedürfnissen entsprechend gehalten wurden – gewöhnen sich durchaus noch an die Spielregeln eines neuen Heims (und Rudels),

Doch bei aller Freude am Autofahren und an den sonstigen Segnungen der Zivilisation, bei allem Wohlverhalten im Hause, in Hotels oder sonstiger fremder Umgebung:

Ch. Peppermint Drum Major, Deutscher Champion (KfT u. VDH) Internationaler, L und PE Champion, Weltsieger 1987 u. 1988, Europasieger 1988, A-Bundessieger 1987, Winner Kopenhagen 1987, Klub- u. Bundesjugendsieger 1986, KfT-Jugendchampion

Ein typischer West Highland White Terrier wird auch heute bei sich bietender Gelegenheit beweisen wollen, was für ein vorzüglicher Arbeitsterrier er immer noch ist. Bei aller Liebenswürdigkeit und Verträglichkeit eines Weißen Hochländers: Wer seine Wachsamkeit auf die Probe stellt oder ihn herausfordert, hat sich die unter Umständen empfindlich spürbaren Folgen selbst zuzuschreiben – wobei die Auswahl der ihm herzlich unsympathischen und tatsächlich behelligten Zeitgenossen ebenso wie seine „Vorhersagen" über die Dauer der Abwesenheit oder den Zeitpunkt der Rückkehr seiner Bezugsperson zuweilen die Vermutung nahelegen, der berühmte 6. Sinn der Rasse sei noch weitgehend intakt. Es wäre der Förderung der Rasse zweifellos dienlich, wenn bei Zucht und Haltung von West Highland White Terriern auch und gerade dem Wesen dieser Hunde die Beachtung geschenkt würde, die ihm zukommt.

Der Rassestandard des West Highland White Terriers

Einführung

Rassestandards sind die möglichst eindeutige und umfassende Beschreibung der Körper- und Wesensmerkmale, die das vollkommene Rassetier aufweisen muß. Nach den Bestimmungen der Fédération Cynologique Internationale (F.C.I.), der internationalen Dachorganisation des anerkannten Hundewesens, werden die Rassestandards vom Ursprungsland der Rasse festgelegt.

Das Ursprungsland der Rasse im Sinne der F.C.I. ist Großbritannien; der gültige Rassestandard des West Highland White Terriers ist der des Kennel Club. Er schreibt als F.C.I.-Standard Nr. 85 in seiner bei der F.C.I. gültig hinterlegten deutschen Fassung (Übersetzung Elke Peper) folgendes vor:

Der Rassestandard

Allgemeine Erscheinung. Kräftig gebaut; tiefe Brust und weit nach hinten reichende Rippen; ebener Rücken, kraftvolle Hinterhand auf muskulösen Läufen; bringt in hohem Maße eine großartige Verbindung von Kraft und Aktivität zum Ausdruck. **Charakteristische Merkmale.** Klein, aktiv, unerschrocken, robust, mit beträchtlichem Selbstvertrauen ausgestattet und einem Auftreten, das Raubzeugschärfe erkennen läßt. **Wesen.** Wachsam, fröhlich, mutig, selbstbewußt, aber freundlich. **Kopf und Schädel.** Schädel leicht gewölbt; Stirnpartie mit glatten Konturen; im Oberkopf vom Ohransatz zu den Augen hin nur geringfügig schmaler werdend; Abstand zwischen Hinterhauptbein und Augen geringfügig größer als die Länge des Vorgesichts; Kopf reichlich mit Haar bewachsen und im rechten Winkel oder weniger zur Halsachse getragen; Kopf sollte nicht vorgestreckt getragen werden. Vorgesicht von den Augen zur Schnauzenspitze allmählich schmaler werdend.

Deutlicher Stop gebildet aus starken Wülsten der Stirnknochen, die unmittelbar oberhalb der Augen etwas vorstehen und zwischen den Augen eine leichte Vertiefung aufweisen. Vorgesicht unter den Augen nicht eingefallen oder stark abfallend, sondern gut ausgefüllt. Kiefer kräftig und von gleicher Stärke; Nase schwarz und ziemlich groß, mit dem übrigen Fang eine fließende Linie bildend; Nase nicht spitz vorstehend.

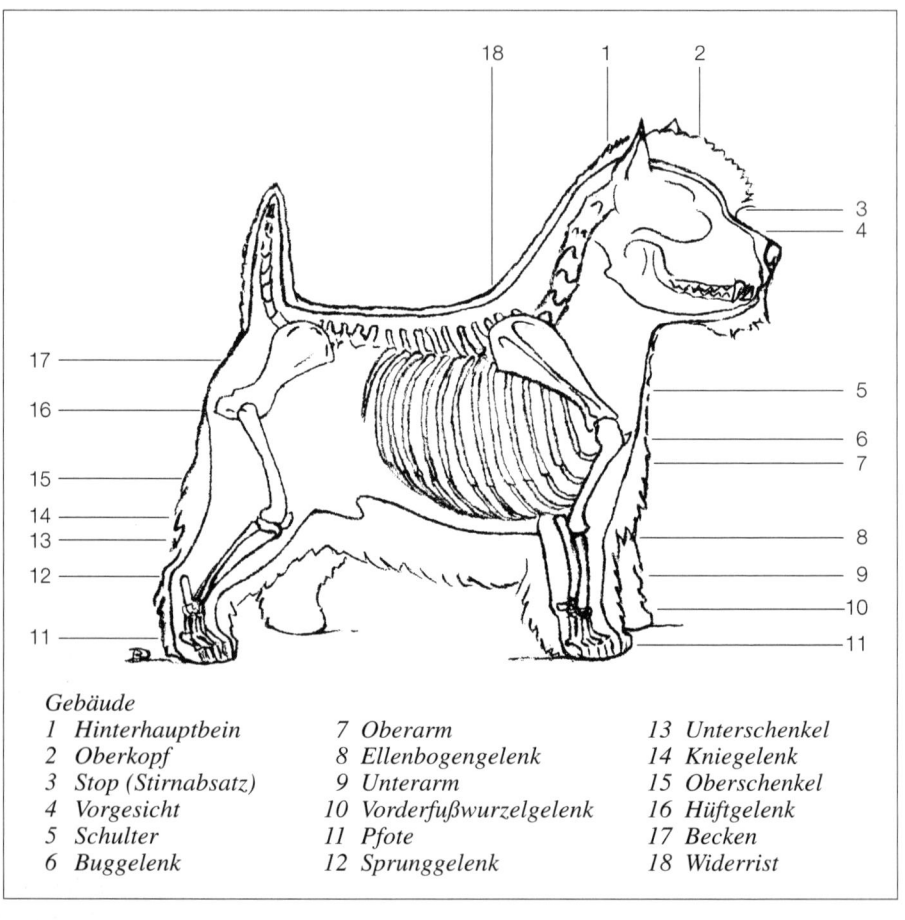

Gebäude

1 Hinterhauptbein	*7 Oberarm*	*13 Unterschenkel*
2 Oberkopf	*8 Ellenbogengelenk*	*14 Kniegelenk*
3 Stop (Stirnabsatz)	*9 Unterarm*	*15 Oberschenkel*
4 Vorgesicht	*10 Vorderfußwurzelgelenk*	*16 Hüftgelenk*
5 Schulter	*11 Pfote*	*17 Becken*
6 Buggelenk	*12 Sprunggelenk*	*18 Widerrist*

Augen. Weit auseinanderstehend, mittelgroß, nicht groß und rund, so dunkel wie möglich; etwas in den Schädel eingesenkt, wachsam und intelligent; unter buschigen Augenbrauen hervorlugend einen durchdringenden Blick bewirkend. Helle Augen höchst unerwünscht.

Ohren. Klein, aufrecht und sicher getragen, in einer deutlichen Spitze endend. Weder zu weit auseinander noch zu dicht zusammenstehend. Haar kurz und glatt (samtartig), sollte nicht geschnitten werden. Ohrspitzen ohne jegliche Befransung. Runde, breite, große oder dicke Ohren sowie solche mit übermäßig üppiger Behaarung sind äußerst unerwünscht.

Fang. Zwischen den Fangzähnen so breit, wie es mit dem verlangten Ausdruck von Raubzeugschärfe vereinbar ist. Zähne groß im Verhältnis zur Größe des Hundes, mit gleichmäßigem Scherenschluß, wobei die obere Schneidezahnreihe ohne Zwischenraum über die untere greift und die Zähne senkrecht im Kiefer stehen.

Hals. Lang genug, um die geforderte Kopfhaltung zu ermöglichen; muskulös; zum Ansatz hin allmählich breiter werdend, was den Hals übergangslos in die gut zurückliegende Schulter einmünden läßt.

Vorderhand. Schultern schräg zurückliegend. Schulterblätter breit und eng am Brustkorb anliegend. Buggelenk gut nach vorn gelagert, eng anliegende Ellenbogen, wodurch eine freie Bewegung der Vorderläufe parallel zur Körperachse ermöglicht wird. Vorderläufe kurz und muskulös, gerade und dicht mit kurzem, hartem Haar bewachsen.

Körper. Kompakt. Rücken eben mit breiter, kräftiger Lendenpartie. Brust tief, Rippen in der oberen Hälfte so gebogen, daß die Körperseiten abgeflacht wirken. Hintere Rippen weit zurückreichend; Abstand zwischen der letzten Rippe und der Hinterhand so kurz, wie es mit einer freien Bewegung vereinbar ist.

Hinterhand. Kräftig, muskulös und im oberen Teil breit. Läufe kurz, muskulös und mit kräftigen Sehnen. Schenkel stark bemuskelt und nicht zu weit auseinanderstehend. Sprunggelenke gut gewinkelt und gut unter den Körper gestellt; in Stand und Bewegung ziemlich dicht nebeneinander. Steile oder schwache Sprunggelenke äußerst unerwünscht.

Pfoten. Vorderpfoten größer als die hinteren; rund, von angemessener Größe, kräftig mit dick gepolsterten Ballen und mit kurzem, hartem Haar bedeckt. Hinterpfoten sind kleiner und haben dick gepolsterte Ballen. Unterseiten der Ballen und alle Krallen vorzugsweise schwarz.

Rute. 13 bis 15 cm lang; mit hartem Haar bewachsen ohne Befederung. So gerade wie möglich und forsch, nicht lustig oder über den Rücken gezogen getragen. Eine lange Rute ist unerwünscht, und auf keinen Fall dürfen Ruten kupiert werden.

Bewegung / Gangwerk. Frei, vorwärts gerichtet und rundherum flüssig. Die Vorderläufe werden aus der Schulter heraus raumgreifend nach vorn bewegt. Bewegung der Hinterhand frei, kraftvoll und nahe nebeneinander. Sehr biegsame Knie- und Sprunggelenke und weit unter den Körper greifende Sprunggelenke sorgen für Schub. Steife, stelzige Bewegung in der Hinterhand und Kuhhessigkeit höchst unerwünscht.

Crufts-Sieger CH. Ashgate Sinclair mit Züchterin Sue Thomson

Haar. Doppelhaar. Deckhaar besteht aus etwa 5 cm langem, harschem Haar ohne irgendwelche Locken. Unterwolle pelzartig, kurz, weich und dicht.

Offenes Haar ist äußerst unerwünscht.

Farbe. Weiß.

Größe. Schulterhöhe etwa 28 cm.

Fehler. Jede Abweichung von den vorgenannten Punkten sollte als Fehler angesehen werden, dessen Bewertung in genauem Verhältnis zu seiner Schwere stehen sollte.

Anmerkung. Rüden sollten zwei offensichtlich normal entwickelte Hoden aufweisen, die sich vollständig im Skrotum befinden.

Interpretation des Rassestandards

Mit der Beschreibung der Merkmale, die ein vollkommener Rassehund aufweisen muß, setzt der Rassestandard gleichzeitig auch Normen, die für Züchter und Richter verbindlich sind –, er ist damit Maßstab und Leitlinie für Zucht und Bewertung. Je präziser und umfassender die Beschreibung der Körper- und Wesensmerkmale eines Hundes ist, desto klarer sind demnach auch die Vorschriften, desto eindeutiger die Maßstäbe, an die sich Züchter und Richter halten müssen und können.

Der Standard des West Highland White Terriers ist in diesem Sinne ein wirklich guter Standard, denn er beschreibt die Merkmale des Hundes – mit Ausnahme einiger weniger Details – immerhin so klar, daß die-

ser Rasse hinsichtlich des korrekten Typs bislang Richtungskämpfe erspart geblieben sind und, bei weiterhin strenger Einhaltung der Standardvorschriften, auch künftig erspart bleiben werden.

Dieser Umstand beruht indessen nicht auf Zufall, denn beim West Highland White Terrier fand die Auseinandersetzung um den – mangels einheitlicher Basis – anzustrebenden Idealtyp der Rasse vor der Festlegung des Rassestandards statt.

Dennoch: Wie jeder Normenkatalog ist auch der Rassestandard des WHWT, unabhängig davon, wie hoch die Ansprüche sein mögen, denen er genügt, in mehrfacher Hinsicht erläuterungsbedürftig:

1 Rassestandards sind in der Regel von Fachleuten (Züchtern und/ oder Richtern) für Fachleute (Züchter oder Richter) in einer nicht immer gemeinverständlichen Fachsprache geschrieben. Dies erfordert eine generelle Erläuterung aller

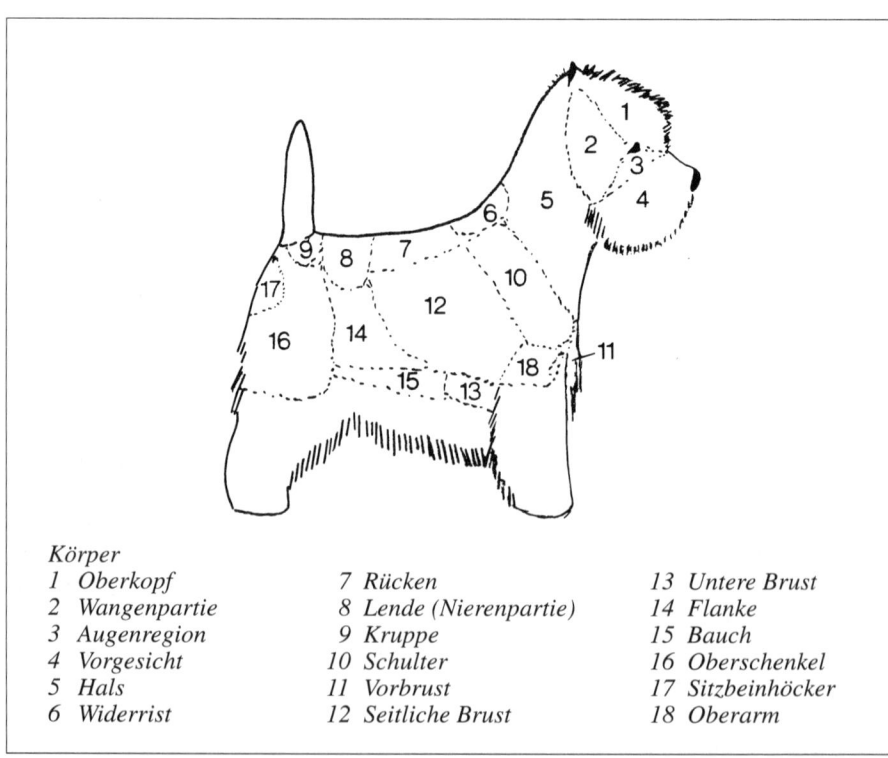

Körper
1 Oberkopf	*7 Rücken*	*13 Untere Brust*
2 Wangenpartie	*8 Lende (Nierenpartie)*	*14 Flanke*
3 Augenregion	*9 Kruppe*	*15 Bauch*
4 Vorgesicht	*10 Schulter*	*16 Oberschenkel*
5 Hals	*11 Vorbrust*	*17 Sitzbeinhöcker*
6 Widerrist	*12 Seitliche Brust*	*18 Oberarm*

Standardvorschriften über Körper- und Wesensmerkmale einschließlich auftretender Fehler.

2 Die Merkmale, die nicht oder nicht eindeutig festgelegt sind, müssen unter Berücksichtigung aller kynologisch beachtlichen Umstände bestimmt werden.

3 Die Gewichtung der einzelnen Merkmale und der auftretenden Fehler ist zu erläutern.

Allgemeine Erscheinung,

charakteristische Merkmale, Wesen und Gangwerk des Weißen Hochländers werden in ihrer Gesamtheit vom Standard mit erfreulicher Klarheit als Kennzeichen eines kräftigen, unerschrockenen, selbstbewußten und aktiven Terriers beschrieben, der sich in all seinen Attributen als hervorragender Arbeitsterrier darstellt; Wesen, körperliche Gesamterscheinung und Bewegungsablauf des West Highland White Terriers vereinen sich dabei zu einem harmonischen Gesamteindruck.

Welche Bedeutung den geforderten Wesensmerkmalen zukommt, ergibt sich daraus, daß sie für einen jagdtauglichen, auch in der Meute einsetzbaren Hund unerläßlich sind. Um diese Merkmale im Ausstellungsring zu verkörpern, muß ein Westie sich frei, aufmerksam und selbstbewußt präsentieren. Eine angstvoll eingekniffene Rute, irritiert

gestellte Ohren, scheues Zurückweichen und eine verkrampfte Haltung sind als Ausdruck von Furchtsamkeit ebenso negativ zu bewerten wie aggressives Kläffen, Zerren und Schnappen als Zeichen einer völlig untypischen Rauflust; auch ein traniges, gleichsam apathisches Herumstehen im Ring ist nicht gerade Ausdruck besten Terrierwesens. Allerdings ist auch nicht jedes Verhalten im Ring, das vom erwünschten abweicht, ein Zeichen von Wesensschwäche: Mancher West Highland White Terrier dokumentiert sein Selbstbewußtsein im Ring dadurch, daß er deutlich zu erkennen gibt, wie sehr ihm das Ausgestelltwerden mißfällt, und mancher Westie wurde einfach dazu erzogen, im Ring unbeteiligte Gelassenheit zur Schau zu stellen. Entscheidend für den Gesamteindruck, den ein Weißer Hochländer im Ring hinterläßt, ist auch das Gangwerk. Ein West Highland White Terrier,

– der nicht zu niedrig auf den Läufen steht, ohne jedoch den Eindruck eines Hochläufers zu vermitteln,

– der über gerade Vorderläufe und eine gut gewinkelte Vorderhand mit gut gelagerten Schulterblättern verfügt und

– der eine korrekt gewinkelte Hinterhand besitzt, deren Sprunggelenke unter den Körper gestellt sein sollen, bringt die notwendigen anatomischen Voraussetzungen für eine einwandfreie Bewegung mit. Diese muß parallel, kraftvoll und raumgreifend sein, wobei die Hinterhand weit unter den Körper tritt und diesen mit mächtigem Schub sprungähnlich vorwärts treibt, während die Vorderhand weit nach vorn ausgreift und so den kräftigen Vortrieb der Hinterhand harmonisch aufnimmt.

Wichtig ist, daß die dynamische Vorwärtsbewegung des WHWT bei festem, geradem und möglichst kurz wirkendem Rücken erfolgt. Steife, stelzige, wie ein Trippeln wirkende Bewegungen sind fehlerhaft, insbesondere wenn sie mit schwankendem Rücken durchgeführt werden.

Zur Harmonie der Gesamterscheinung gehört außerdem, daß Rüden maskulin und Hündinnen feminin wirken. Das maskuline oder feminine Erscheinungsbild hängt dabei indessen weniger von der Größe als vielmehr von der Gesamtkonstitution des Hundes ab. Es gibt durchaus großrahmige, aber dennoch sehr feminine und andererseits kleinere, aber eher maskulin wirkende Hündinnen. Entsprechendes gilt für Rüden, die überdies, obwohl es der Standard nicht ausdrücklich vorschreibt, dem Grundsatz der körperlichen Vollständigkeit entsprechend, zwei deutlich in den Hodensack eingelassene normale Hoden aufweisen müssen.

Es ist erstaunlich, wie häufig manche Kynologen bestimmte Erkenntnisse über maskuline und feminine Erscheinungen, die ihnen im Zusammenhang mit der menschlichen Anatomie durchaus geläufig sind, bei der Beurteilung von Hunden vergessen.

Der Kopf

des West Highland White Terriers ist auch für kynologisch Unvorbelastete klar und verständlich beschrieben. Wichtig für die korrekte Kopfform ist die Ausgeglichenheit von Oberkopf und Vorgesicht, wobei Vorgesicht und Oberkopf zusammen nicht den Eindruck eines langen Schädels vermitteln dürfen.

Das Vorgesicht ist nur wenig kürzer als der Oberkopf, der selbst relativ kurz, zwischen den Ohren relativ breit und leicht gerundet sein muß. Der ausgeprägte Stirnabsatz mit starken Wülsten über den Augen prägt nicht nur das typische Bild des Westie-Kopfes, er hat zudem die Aufgabe, die Augen des Hundes bei der Jagd entsprechend zu schützen. Zur Ausgeglichenheit beider Teile des Kopfes trägt auch bei, daß das möglichst breite Vorgesicht unter den Augen durch Knochensubstanz gut ausgefüllt ist und sich gleichmäßig zur kräftigen Nase hin verjüngt. Die Nase darf im Profil nicht hervortreten und

Ein klassisch schöner Rüde – und bewährter Vererber – Ch. Zambo Duke of Low Rill

muß kräftig schwarz pigmentiert sein.

Völlig untypisch und als grob fehlerhaft zu bewerten sind demnach lange Vorgesichter und insgesamt lange Köpfe; lange und schlanke (Schotten-)Köpfe mit zu geringem Stop sind nachhaltig zu bestrafen. Gleiches gilt für das mit zunehmender Tendenz auftretende entgegengesetzte Extrem, den runden, apfelförmigen Oberkopf mit zu kurzem Fang. Dieser Toy-Typ, der außerdem zu Augen- und Gebißfehlern neigt, ist mit den an einen Arbeitsterrier zu stellenden Anforderungen absolut unvereinbar.

Leider weist die Nase eines West Highland White Terriers nicht immer das gewünschte kräftigschwarze Pigment auf. Sofern es sich lediglich um „Wechselnasen" handelt, hält sich das Problem noch in Grenzen. Als Wechselnase wird der zeitweilige, üblicherweise auf die sonnenarmen Wintermonate beschränkte Pigmentverlust des Nasenspiegels bezeichnet.

Ausstellern ist anzuraten, ihren mit einer Wechselnase behafteten Westie erst dann auszustellen, wenn die bräunlich oder hell-anthrazit leuchtende Nase durch hinreichende UV-Strahlung wieder schwarz geworden ist. Bei manchen Hündinnen ist das Auftreten von Schwankungen des Nasenpigments hormonell bedingt und entsprechend schwieriger zu behandeln. Wer einen Weißen Hochländer mit manifester Wechselnase ausstellt, muß Abstriche in der Formwertnote in Kauf nehmen. Manipulationen wie Färben der Nase werden als Täuschungshandlungen geahndet. Dauerhaft fleischfarbene Nasen sind als schwerwiegender Fehler zu bestrafen.

Die Augen

des Weißen Hochländers sind von entscheidender Bedeutung für seinen Ausdruck. Der wachsame, intelligente und durchdringende Blick des Hundes kommt nur zustande, wenn Augen von richtiger Größe, Form und Farbe möglichst weit auseinanderstehend, geschützt durch die Augenwülste, tief in ihren Augenhöhlen ruhen. Ein korrektes Auge ist
– von mittlerer Größe, nicht zu voll und keinesfalls vorstehend, nicht rund, sondern eher mandelförmig,
– von möglichst dunkler, zumindest haselnußbrauner Farbe, wobei helle, insbesondere bernsteinfarbene Augen grob fehlerhaft sind, und
– von schwarz pigmentierten Augenlidern umgeben.
Zu große, runde Augen ergeben einen sanften Ausdruck, zu kleine einen eher verkniffenen.

Der häufigere Fehler mit eindeutig zunehmender Tendenz ist ein großes, rundes Auge; bei typischen Toy-Köpfen finden sich sogar vortretende Augen mit fehlerhafter Augenlängsachse, die vielfach nicht mehr in einem spitzen, sondern fast schon im rechten Winkel zum Nasenrücken verläuft. Auch helle Augen sind häufig, während kleine dunkle Knopfaugen mit engen Lidspalten relativ selten auftreten.

Die Ohren

insbesondere ihre Form und Stellung, tragen ebenfalls nachhaltig dazu bei, den korrekten Ausdruck eines WHWT zu bewirken; außerdem sagt die Art, wie der Hund sein Ohr trägt, einiges über seinen Charakter und sehr viel über seine Stimmung aus.

Die Ohren des Weißen Hochländers sollen klein und spitz zulaufend weder zu eng auf dem Schädel noch seitlich am Schädel angesetzt sein. Schwerwiegende Fehler sind sehr große Ohren, runde Ohrspitzen und dicke, nicht sicher stehende oder gar gekippte Ohren. Bei korrekt auf dem Kopf angesetzten, aufmerksam getragenen Ohren läßt sich eine gerade Linie von der Nasenspitze aus durch die Augenmitte bis hin zu den Ohrspitzen ziehen. Aufmerksam getragene Ohren führen außerdem zu einer optischen

31

Korrekt

Falsch angesetzt, zu groß und falsch getragen (Eselsohren)

Zu eng

Zu groß und zu gerundet

Verkürzung des Schädels und damit zu einer Verbesserung der Kopfproportionen; ängstlich nach hinten gelegte Ohren lassen den Kopf eher lang erscheinen. Die berüchtigten „Eselsohren" sind eine Kombination aus zu großen und seitlich am Kopf angesetzten Ohren, die den erwünschten Ausdruck des Hundes empfindlich stören. Schließlich ist anzumerken, daß die Ohrspitzen infolge des starken Kopfhaarbewuchses seit Jahrzehnten getrimmt wer-

den, um dann die geforderte samtartige Oberfläche aufzuweisen.

Das Gebiß

Die Anforderungen an das Gebiß des West Highland White Terriers sind, wenn man bedenkt, daß es sich um einen englischen Standard handelt, ungewöhnlich hoch.

Die in kräftige Kiefer eingebetteten Zähne des Weißen Hochländers sollen im Verhältnis zur Körpergrö-

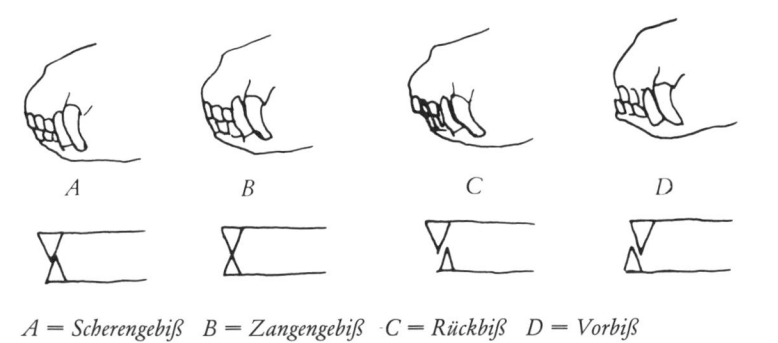

A = Scherengebiß   B = Zangengebiß   C = Rückbiß   D = Vorbiß

I = Incisivi = Schneidezähne

C = Canini = Fangzähne

P = Praemolaren = Vordere Backenzähne

M = Molaren = Hintere Backenzähne

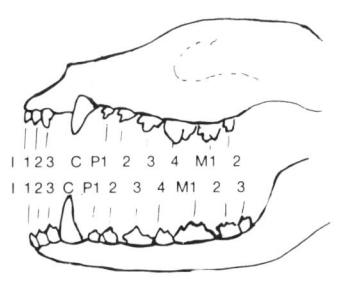

	Oberkiefer	Unterkiefer	Dauergebiß
Incisivi	6	6	12
Canini	2	2	4
Praemolaren	8	8	16
Molaren	4	6	10
	20	22	42

Das Milchgebiß hat lediglich 32 Zähne

33

ße des Hundes ausgesprochen groß und damit als Waffe eines Jagdterriers deutlich erkennbar sein. Zwingend gefordert sind je sechs Schneidezähne (Incisivi) in Ober- und Unterkiefer, wobei der Kieferbogen zwischen den Fangzähnen (Canini) möglichst breit sein soll. Ein scharfer Scherenschluß der Schneidezahnreihen ist erwünscht, ein gleichmäßiger Zangenschluß kein Fehler.

Unerwünscht sind demnach kleine Zähne und enge Kieferbögen; fehlerhaft sind Vor- und Rückbiß,

Schneidezahnverluste sowie ein offener Biß, bei dem einige – in der Regel die mittleren – Schneidezähne infolge Untergröße oder völlig unregelmäßiger Stellung nicht korrekt zum Schluß kommen. Ist bei Vorbeißern zu entscheiden, ob es sich um einen zuchtausschließenden Fehler handelt oder nicht, so muß sorgfältig auf Zahn- und Kieferstellung geachtet werden; ein Vorbiß, der immer deutlich zu bestrafen ist, kann nämlich dann nicht als zuchtausschließender Fehler bewer-

Zwei Peppermints auf Fährte

tet werden, wenn eine korrekte Kieferstellung erkennen läßt, daß der Vorbiß das Ergebnis eines Aufzuchtfehlers ist.

Es gehört zu den liebenswerten Unvollkommenheiten englischer Rassestandards, sich über die Prämolaren (vordere Backenzähne) und Molaren (hintere Backenzähne) sowie über die Zahnzahl eines noch als korrekt anzusehenden Gebisses auszuschweigen. Damit ist indessen noch keineswegs gesagt, daß bei den betreffenden Rassen international verbindlich auch alle Prämolaren und Molaren fehlen dürfen. Auch die englische Unart, gegenüber Gebißfragen, insbesondere was die Vollständigkeit anbetrifft, eine zuweilen schon unverantwortliche „Großzügigkeit" an den Tag zu legen, gibt kynologischen Laien und vornehmlich wirtschaftlich interessierten Vermehrern prämolarloser Hunde nicht die sachliche Berechtigung zu behaupten, der Standard des Mutterlandes erlaube das Fehlen aller nicht ausdrücklich genannten Zähne. Solange das standardführende Land einer Rasse nicht den traurigen Mut besitzt, in dem bei der F.C.I. hinterlegten Standard unmißverständlich festzulegen, daß alle im Standard nicht ausdrücklich genannten Zähne (und sonstigen Körperteile wie zum Beispiel Hoden!) fehlen dürfen, so lange gilt der Grundsatz der Vollständigkeit. Und

an diesen Grundsatz pflegt sich die überwältigende Mehrheit der F.C.I.-Mitgliedsländer, unter ihnen die Bundesrepublik Deutschland, auch zu halten.

Vom Grundsatz der Vollständigkeit sind jedoch kynologisch gerechtfertigte Ausnahmen zulässig. Beim West Highland White Terrier hat der KfT in Übereinstimmung mit der Zuchtordnung des VDH hinsichtlich der Zahnformel eine solche Ausnahme gemacht: Vier fehlende Prämolaren gelten als erlaubter, das heißt nicht zu bestrafender Prämolarverlust. Grund für diese Ausnahme war die Tatsache, daß einerseits vier fehlende Prämolaren die Gebrauchstüchtigkeit eines Arbeitsterriers (Kieferverletzungen) noch nicht einschränken, und andererseits Vollzahnigkeit, große Zähne und ein im Vergleich zum Oberkopf relativ kurzer Fang bei einer Rasse, die nicht zuletzt aufgrund der Sünden des Mutterlandes in starkem Maße zu Prämolarverlusten neigt, nur schwierig zu erreichen sind. Inzwischen haben zumindest einige deutsche Zwinger durch eine Vielzahl auch international hochprämierter Sieger den Beweis erbracht, daß dieses Ziel durch einen sorgfältigen, die Gesetze der Genetik beachtenden Zuchtaufbau durchaus verwirklicht werden kann. Im übrigen wird nach den sehr differenzierten Bewertungsregeln des KfT kein ansonsten erstklassiger West Highland White Terrier, nur weil ihm etwa fünf Prämolaren fehlen, zuchteinschränkend abqualifiziert; nur eine Titelanwartschaft darf einem solchen Hund nicht zuerkannt werden – sofern der Richter sich an die gültigen Bestimmungen hält.

Andererseits wird kein zweitklassiger Hund, nur weil er vollzahnig ist, jemals eine Anwartschaft erhalten. Fast zweistelliger oder gar vollständiger Prämolarverlust muß jedoch zum Ausschluß der Zuchttauglichkeit führen.

Der Hals

des West Highland White Terriers soll lang und kräftig sein und sich zum Ansatz hin gleichmäßig erweitern, um einen eleganten Übergang zur Schulterpartie zu bilden.

Ein kurzer Hals ist ebenso fehlerhaft wie ein schwach bemuskelter dünner, der dem Hund beim Festhalten der Beute nicht die nötigen Dienste leisten kann. Fehlerhaft ist aber auch ein zu langer, möglicherweise sogar gebogener „Schwanenhals", der zusammen mit dem Chrysanthemenkopf des Westie ein völlig unproportioniertes Erscheinungsbild des Hundes bewirken würde.

Um die gewünschte Kopfhaltung zu ermöglichen, muß der Hals gut „aufgesetzt" sein, das heißt, er muß in einer eleganten oberen Linie ohne Knick harmonisch in die Schulterpartie mit schräg zurückliegenden Schulterblättern übergehen.

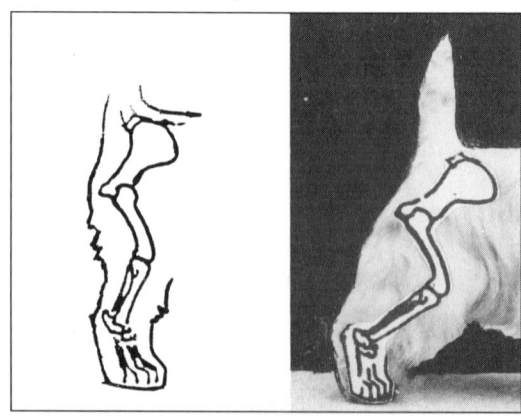

Korrekte Hinterhand (rechts), steile Hinterhand (links)

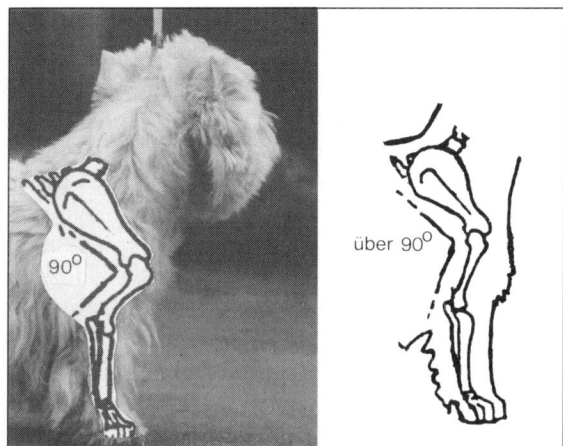

Korrekte Schulter (links),
steile Schulter (rechts)

Die Vorderhand

Hinsichtlich der Vorderhand wird eine wichtige Standardforderung schon im Zusammenhang mit dem Hals formuliert: Die Schulterblätter sollen schräg nach hinten gelagert sein. Außerdem müssen sie breit sein, fest am Brustkorb anliegen und am Widerrist eng zusammenstehen. Dort bilden sie allerdings nicht den höchsten Punkt: die Dornfortsätze der Wirbel ragen im Idealfalle leicht darüber hinaus. Auch die relativ langen Oberarmknochen und die Ellenbogen müssen eng am Brustkorb anliegen, wobei Schulterblätter und Oberarmknochen möglichst einen Winkel von 90° bilden sollen. Hieraus ergibt sich, daß das Schultergelenk weit vorn am Brustkorb plaziert ist und daß der Westie

eher auf den Vorderläufen als zwischen den Vorderläufen stehend wirken muß. Nur so ist es möglich, daß die Vorderläufe wie Pendel parallel zum Brustkorb raumgreifend und frei bewegt werden können. Wie wichtig eine gute Schulterlage für den West Highland White Terrier ist, zeigt sich an den Fehlern, die ein Hund mit steiler, das heißt nicht schräg genug zurückliegender Schulter hat:
– der Halsaufsatz wirkt nicht eben elegant,
– der Hals ist optisch verkürzt, der Rücken dagegen entsprechend verlängert und
– die Vorderhandbewegung ist kurz und trippelnd.
Ein Westie mit diesen Fehlern wirkt in ganz entscheidenden Punkten untypisch. Betrachtet man die Front des Weißen Hochländers von

vorn, so sollen die muskulösen, starkknochigen Vorderläufe absolut gerade sein.

Auch die Ellenbogen dürfen in Stand und Bewegung keinesfalls nach außen abstehen und lose oder ausgedreht wirken. Die sogenannte Chippendalefront ist damit grob fehlerhaft; fehlerhaft sind auch eine zu starke Muskelbildung auf den Schulterblättern („beladene Schultern") und eine enge Front. Zur Verdeutlichung läßt sich sagen, daß eine korrekte WHWT-Front von vorn eher die Konturen einer Champagnerflasche als die einer Bierflasche haben sollte.

Die Vorderpfoten sollen vorzugsweise nach vorn gerichtet sein, wobei es aber unter Berücksichtigung der ursprünglich sehr erwünschten Grabefähigkeit des Hundes nicht geahndet wird, wenn sie eine leichte Auswärtsstellung aufweisen, sofern diese „französische" Stellung symmetrisch auf beiden Seiten besteht. Fehlerhaft, wenn auch nicht gravierend, ist es allerdings, wenn sich die Auswärtsstellung nur auf einer Seite zeigt.

Der Körper

des West Highland White Terriers muß kräftig, kurz und substanzvoll sein. Der Brustkorb ist tief, an der Wirbelsäule gut gerundet, und er läuft zum Brustbein hin spitz zu;

durch die im vorderen Teil abgeflachten Körperseiten wirkt der Brustkorb herzförmig und bietet aufgrund seiner Tiefe genügend Platz für kräftige Brustorgane. Die hinteren Rippen reichen weit zurück und lassen bis zur Hinterhand nur soviel Raum, wie es die gewünschte leichte Hinterhandbewegung erfordert. Das Rumpfende bildet eine breite, kräftige Nieren-(Lenden-)partie.

Schwerwiegende Fehler, die leider sehr häufig auftreten, sind: lange, weiche und/oder nicht ebene Rücken; schmale, substanzlose oder aber tonnenförmige Brustkörbe sowie schwache, an den Seiten eingefallene Lendenpartien. Der Rücken soll im übrigen sowohl im Stand wie in der Bewegung eben sein. Geschickte Vorführer können nahezu jeden Hund in eine Standposition bringen, in der der Rücken gerade wirkt; in der Bewegung lassen sich etwaige Fehler dann aber kaum mehr kaschieren. Ein Westie mit perfektem Gangwerk darf praktisch keinerlei Auf- und Abbewegung des Rückens zeigen.

Die Hinterhand

Hinsichtlich der Hinterhand fordert der Standard vor allem
- kräftige Muskeln, Sehnen und Gelenke,
- gute Winkelungen im Knie- und im Sprunggelenk,

Sir Edwin Landseers Gemälde „Dignity and Impudence" (1839) zeigt einen schon sehr typischen WHWT-Kopf

1 Korrekte
Front

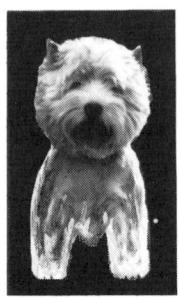

2 Zu breit

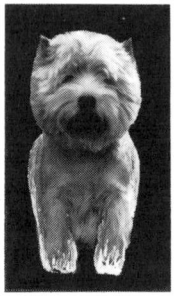

3 „Beladene"
Schultern

4 „Chippen-
dale"-Front

5 Ausgedrehte
Ellenbogen

– parallele, sowohl im Stand als auch in der Bewegung sichtlich zusammenstehende Hinterläufe.

Nur wenn ein Weißer Hochländer diese Merkmale, insbesondere sehr muskulöse Schenkel, aufweist, ist der Schub, mit dem die Hinterhand den Körper bei jedem Schritt nach vorn treibt, kräftig genug, um dem Hund in jedem Gelände und auf jedem Boden eine optimale Bewegung zu ermöglichen. Durch die kräftigen Muskeln und guten Winkelungen wirken die Hinterläufe zudem ziemlich kurz und im oberen Teil breit; sie befähigen den West Highland White Terrier, auch starke Beutetiere durch die Kraft seiner Hinterhand am Boden zu halten. Bei schnellem Trab bewirken die relativ dicht beieinander stehenden Hinterläufe, daß der Westie fast „schnürt",

40

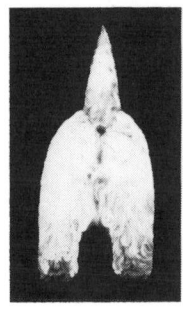

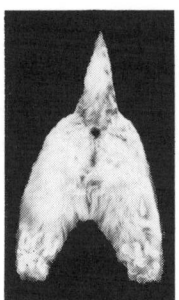

6 Korrekte
Hinterhand   7 Zu breit

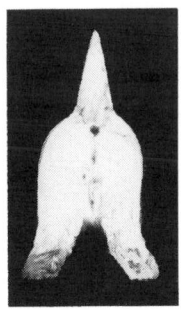

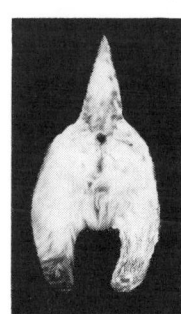

8 Kuhhessig   9 Faßbeinig

das heißt die Hinterpfoten treten auf einer einzigen gedachten Linie unter der Körpermitte auf.

Fehlerhaft sind deutliche Zehenenge, Kuhhessigkeit (nach innen weisende Sprunggelenke) und Faßbeinigkeit (O-Beine). Der Standard fordert außerdem, daß die Sprunggelenke gut unter den Körper gestellt sein sollen; leider sieht man im Ausstellungsring immer wieder, daß manche Aussteller ihren Westie mit viel zu weit nach hinten gezogenen Hinterläufen präsentieren. Oft wird dadurch versucht, die obere Linie des Hundes im Stand zu verbessern, insbesondere zu verbergen, daß der Hund überbaut ist.

Die Pfoten

des Weißen Hochländers sind kräftig und rund (Katzenpfoten); sie müssen groß sein, und zwar vorn größer als hinten, und gut gepolsterte Ballen aufweisen. Längliche „Hasenpfoten",

41

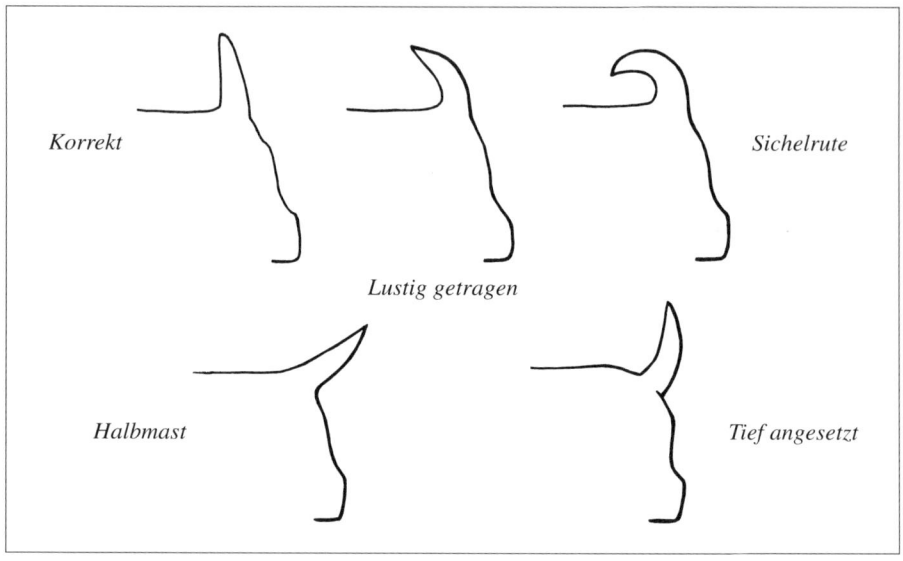

Korrekt

Sichelrute

Lustig getragen

Halbmast

Tief angesetzt

Spreizpfoten und flache, schwach gepolsterte Ballen sind fehlerhaft.

Ballen und Krallen sollen vorzugsweise schwarz sein, jedoch ist das Krallenpigment nicht so bedeutend wie das Pigment der Ballen oder gar das der Nase, der Augenränder, der Lefzen und des Gaumens; außerdem hellt sich das Krallenpigment mit zunehmendem Alter des Hundes oft deutlich auf.

Besondere Beachtung sollte der Krallenlänge geschenkt werden; die Krallen müssen kurz gehalten werden und sollten im Stand möglichst nicht den Boden berühren. Überlange Krallen führen auf Dauer unweigerlich zu Spreizpfoten und zu

fehlerhafter Pfotenstellung; sie behindern den Hund letztlich in der Bewegung.

Die Rute

Hinsichtlich der Rute spricht der Standard zwei wichtige Punkte direkt an: die Länge und die Art, wie sie getragen werden soll. Die Rute darf 13 bis 15 cm lang sein, wobei das absolute Maß relativ unwichtig ist. Entscheidend ist vielmehr, daß das Erscheinungsbild des Weißen Hochländers bei optimaler oberer Linie mit korrekter Kopf- und Halshaltung und aufrecht getragener Rute harmonisch ausgewogen ist.

Als Regel sollte dabei gelten, daß die Rute des Hundes in dieser Haltung keinesfalls über das Niveau des Hinterhauptbeins hinausragt, sie darf aber sehr wohl kürzer sein, soweit das der Gesamterscheinung des Hundes nicht abträglich ist.

Die Rute soll im Ansatz kräftig sein, zur Spitze hin dünner werden, und sie darf keine Befederung (langes, überstehendes Haar an der Unterseite) aufweisen; sie soll außerdem nach international einheitlicher Standardinterpretation hoch angesetzt sein, wobei die Kruppe zum Rutenansatz hin nicht abfallen darf.

Schließlich soll die Rute aufrecht, aber nicht über den Rücken gebogen oder gar nur halb aufrecht getragen werden. Im Ausstellungsring wirkt allerdings ein Westie mit leicht über den Rücken gebogener Rute, deren Spitze geringfügig in Richtung des Kopfes weist, wesentlich typischer als ein Hund, der die Rute überwiegend halbhoch trägt. Außerdem zeigt sich ein solcher Hund erfahrungsgemäß sicherer.

Als nicht wünschenswert beziehungsweise fehlerhaft sind neben zu langen, tief angesetzten, halbmast getragenen oder Sichelruten auch

Ch. Ashgate Lenzie – Int. D. Champion – VDH-Europasieger, Bundessieger, Winner Kopenhagen

angeborene Knickruten anzusehen, obwohl der Standard über diesen Punkt keine Angaben macht.

Operative Rutenkorrekturen wie das Kupieren oder Begradigen von Ruten führen als Täuschungshandlungen zur Disqualifikation.

Haar und Farbe

Dem Haarkleid des West Highland White Terriers und seiner Farbe kommen im Hinblick auf den ursprünglichen Verwendungszweck und die Herkunft der Rasse besondere Bedeutung zu. Der Standard fordert rein weißes, doppeltes Haar, bestehend aus pelzartiger, kurzer, dichter, weicher Unterwolle und einer geschlossenen Decke aus drahtig-hartem, glattem Deckhaar von etwa 5 cm Länge. Diese Haarstruktur bot in idealer Weise Schutz vor dem rauhen Klima des schottischen Hochlands, vor Verletzungen bei der Jagd durch Dornengestrüpp und in scharfkantigem Felsgestein sowie vor den Bissen wehrhafter Beutetiere.

Auch für den Westie im Ausstellungsring sind die Standardvorschriften über die korrekte Haarstruktur, Haarlänge und Farbe nach wie vor verbindlich. Selbst wenn man berücksichtigt, daß der Standard nicht eindeutig sagt, wo überall das Deckhaar 5 cm lang sein soll, und keine präzisen Vorschriften über eine bestimmte Art von Trim-

ming bestehen, so ist doch völlig unbestreitbar, daß zumindest überall dort, wo das Haar eine geschlossene, schützende Decke bilden muß, auch die Standardforderung nach einer Haarlänge von 5 cm zu beachten ist. Nur Deckhaar von standardgerechter Länge macht es überhaupt möglich zu beurteilen, ob das Haar des WHWT auch frei von den im Standard aufgeführten Fehlern ist.

Um so häufige Fehler wie zu weiches, lockiges oder nicht reinweißes Deckhaar zu vertuschen, trimmen einige Aussteller einfach das Haar an Hals- und Schulterpartie bis auf 0,5 cm Länge ab. Durch dieses Abtrimmen von Hals und Schultern erscheint dann der Kopf mit seiner Halskrause zum Rest des Hundes völlig unproportioniert, ähnlich einem Apfel am Stiel, wie Marvin spottet. Erfahrene Richter haben mit Recht darauf hingewiesen, daß die betreffenden Trimmer damit versuchen, gleich zwei Fliegen mit einer Klappe zu schlagen: Die Hälse erscheinen dadurch länger und die Haarqualität, von spraygefestigten Kreidemassen erdrückt, ist kaum noch wahrnehmbar.

Wer es einem Richter unmöglich macht, so wichtige Standardmerkmale wie Haarqualität und Haarfarbe zu beurteilen, und ihn statt dessen in parfümierte Kreidewolken hüllt, muß bei der Beurteilung seines Hundes mit entsprechenden Sanktionen rechnen.

Die Haarfarbe eines Weißen Hochländers soll, wie bereits erwähnt, rein weiß sein, wobei ein natürliches reines Weiß eher einem gleichmäßigen hellen Elfenbeinton ähnelt. Es liegt in der Natur der Sache, daß besonders hartes Deckhaar gelegentlich einen etwas dunkleren Anflug hat. Dies ist jedoch nicht als besonders tragisch anzusehen; zumindest wird Haar von dieser Art und Güte rein weißem, aber zu weichem Haar vorgezogen. Gelbes oder bräunliches Haar und ausgeprägte sandfarbene Rückenstreifen dagegen sind standardwidrig, ebenso seidiges oder wattiges Haar, das oft genug ausgeprägte Locken aufweist. Fehlende oder spärliche Unterwolle und „offenes", das heißt nicht fest am Körper anliegendes, sondern mehr oder weniger abstehendes Haar, sind ebenfalls recht häufig auftretende Fehler, die manche durch übertriebene Haarlänge zu kaschieren suchen. Im Ausstellungsring ist leider nicht immer feststellbar, ob diese Fehler die Folge eines nicht fachgerechten Trimmings oder ob sie angeboren sind. Dabei ist es nun wirklich kein großes Kunststück, Hunde mit rein weißem Haar und absolut korrekter Haarstruktur zu züchten, und auch ein ordentliches Trimming ist erlernbar.

Die Größe

des West Highland White Terriers gibt der Standard mit etwa 28 cm Schulterhöhe an. Dies ist eine außerordentlich vernünftige Regelung, denn innerhalb einer international akzeptierten Bandbreite von ± 2,5 cm läßt sich so die anzustrebende Idealgröße von 28 cm züchterisch ohne Probleme verwirklichen. Gleichwohl sollten angesichts einer stets virulenten Neigung zu Toy-Größen Zucht- und Ausstellungsrüden eher im oberen Bereich und Hündinnen eher im mittleren Bereich der Bandbreite angesiedelt sein. Jedenfalls kann jeder Spitzenhund mit einer Schulterhöhe zwischen 25,5 cm und 30,5 cm gewinnen, wenngleich die Schulterhöhe von 28 cm als Richtgröße stets das vorzugswürdige Zuchtziel bleiben muß.

Ursprünglich war sogar als Untergrenze eine Schulterhöhe von 20 cm zulässig, die heute sicherlich manchen Liebhaber von Mini-Hunden nostalgisch werden läßt. Dieser Spielraum nach unten wurde jedoch unwiderruflich beseitigt, und es waren die überragenden Förderer der Rasse, die den Trend zum Mini-Westie stets entschieden bekämpft haben. Von Colonel Malcolm bis hin zu May Pacey reicht die Kette derer, die für die Absicherung einer guten Arbeitsterriergröße plädierten – wobei May Pacey so weit ging, so-

45

gar gegen die Bezeichnung „Westie" für den West Highland White Terrier Bedenken anzumelden, weil sie hiervon, nicht ganz ohne Grund, Verniedlichungstendenzen in Richtung auf die Zucht von Mini-Westies befürchtete.

Zum Bedauern vieler Kenner der Rasse enthält der Standard keine Vorschriften über das wünschenswerte Körpergewicht des Weißen Hochländers. Als Faustregel kann hier gelten, daß ein 28 cm großer West Highland White Terrier von bester Kondition und Konstitution zwischen 7 und 9 kg wiegt, wobei Rüden eher in Richtung auf 9 kg, Hündinnen eher in Richtung auf 7 kg tendieren sollten.

Pigment

Da bei reinweißen Hunderassen Pigmentmängel häufig mit Taubheit oder Blindheit oder beidem einhergehen, sollen die über verschiedene Standardpunkte verstreuten Bestimmungen über das Pigment des Weißen Hochländers kurz zu einem Komplex zusammengefaßt werden.

Im Idealfall sind beim West Highland White Terrier Nase, Lefzen, Augenlider, Gaumen, Ballen und Krallen schwarz, und die Bauchhaut sowie die inneren Ohrenflächen haben einen schwärzlichen Anflug. In Deutschland stehen inzwischen einige Spitzenhunde, die in ihrem Pigment diesem Ideal vollkommen entsprechen, doch sie sind, bezogen auf die Gesamtheit der Hunde dieser Rasse, die großen Ausnahmen.

Von einem gut pigmentierten Westie muß man zumindest erwarten, daß seine Nase (das Problem Wechselnase wurde eingehend behandelt) und seine Augenlider makellos schwarz sind; die straff anliegenden Lefzen und die Ballen sollten möglichst schwarz oder zumindest dunkel anthrazitfarben sein, wobei kleinere rosafarbene Einsprengsel, die an den Lefzen optisch jedoch nicht auffällig sein dürfen, durchaus tragbar sind; der Gaumen sollte deutlich überwiegend mit schwarzen bis anthrazitfarbenen Pigmentflecken bedeckt sein, während beim Pigment der Krallen, der Bauchhaut und der inneren Ohrenflächen guten Gewissens Abstriche gemacht werden können – zumal es bei Weißen Hochländern höchst unterschiedliche Pigmentstrukturen gibt. Wer allerdings aus insgesamt deutlichen Pigmentschwächen nicht die gebotenen züchterischen Schlußfolgerungen zieht, handelt in höchstem Maße unverantwortlich.

Die Anschaffung eines West Highland White Terriers

Vorüberlegungen

Spontanentscheidungen sind bei der Anschaffung von Tieren schon im allgemeinen höchst problematisch, bei der Anschaffung eines Hundes, insbesondere eines West Highland White Terriers, sind sie geradezu fatal. Da im Moment der spontanen Nachfrage bei Züchtern dieser Rasse ein Welpe häufig nicht sofort zu erhalten ist und jeder seriöse Züchter zudem mit Nachdruck davor warnen wird, ausgerechnet zu typischen „Schenkfesten" einen Welpen ins Haus zu nehmen, sind zumeist unbekannte Hundehändler in der Regel die Nutznießer von Spontankäufen. Wenn dann allmählich die Erkenntnis dämmert, daß zum Halten eines Hundes erheblich mehr gehört als spontane Begeisterung, wird der Junghund schnell an einen neuen Halter abgeschoben, wobei einem Westie aufgrund seines Wertes immerhin wenigstens das Tierheim erspart zu bleiben pflegt.

Doch selbst wer sich nach gründlicher Information über die Rasse einen West Highland White Terrier anschaffen möchte, sollte vorab noch einige grundsätzliche Überlegungen anstellen:

Zunächst muß sich jeder Hundehalter in spe ernsthaft fragen, ob er die nötige Zeit und Bewegungsfreude für seinen Westie aufbringen kann und ob er vor allem die nötige Konsequenz besitzt, einen solchen Hund, der als Familienmitglied akzeptiert und respektiert werden möchte, zu erziehen.

In der Regel sind dies Fragen, die sich die Damen des Hauses zu stellen haben, denn an ihnen bleibt „es" üblicherweise hängen.

Sodann wäre zu prüfen, ob das Halten des Hundes rechtlich unproblematisch ist. Wer zur Miete wohnt, benötigt, um sicher zu sein, die schriftliche Erlaubnis des Vermieters; Grundstückseigentümer sollten in Erwägung ziehen, daß der Ärger mit bösartigen Nachbarn die Freude am Westie empfindlich stören könnte.

Schließlich ist eine gründliche Kostenkalkulation hilfreich. Hier sind der nicht eben niedrige Kaufpreis für einen Westie-Welpen, die Hundesteuer, die Kosten einer – empfehlenswerten – Hunde-Haftpflichtversicherung, die Kosten für artgerechte Ernährung und Pflege sowie für regelmäßige tierärztliche Versorgung und regelmäßiges Trimming zu berücksichtigen; unter Umständen ist auch noch der Garten ausbruchsicher zu umzäunen.

Haben diese Vorüberlegungen zu einem positiven Ergebnis geführt, so kann man sich nun auf die Suche nach einem geeigneten Züchter machen.

Die Wahl des Züchters

Die Auswahl des Zwingers, aus dem man einen Westie-Welpen zu erwerben wünscht, und damit die Auswahl des Züchters, ist bei einer Rasse, der das Unglück widerfahren ist, in Mode zu kommen, beinahe ebenso wichtig wie die Auswahl des Welpen selbst.

Zunächst sollte man sich an den Verband für das Deutsche Hundewesen (VDH), den Dachverband der Rassehundzuchtverbände in der Bundesrepublik Deutschland, wenden, um hier vielleicht schon einige renommierte Züchter genannt zu bekommen und zu erfahren, wann und wo eine Zuchtschau stattfindet, auf der man dann Hunde und Züchter direkt kennenlernen kann. Weiterhin ist es ratsam, den Klub für Terrier (KfT) um ein Verzeichnis der West Highland White Terrier-Züchter (Züchtertafel) und um die

Ein zukünftiger Champion

Angabe von Zuchtschauterminen zu bitten, um dort entsprechende Kontakte zu Züchtern aufzunehmen, deren Hunde besonders gefallen. Vielleicht gibt sogar der eine oder andere Zuchtrichter auf Befragen einen Hinweis.

Ein seriöser Züchter gibt dem Interessenten Gelegenheit zu einem Besuch, bei dem dann zumindest die Zuchthündin, gegebenenfalls sogar beide Elterntiere und die Zuchtergebnisse entsprechender Verbindungen vorgestellt werden. Man lernt die Art der Hundehaltung beim Züchter kennen und hat die Möglichkeit, gründliche Einsicht in den vom KfT-Zuchtwart ausgefer-

tigten Wurfabnahmeschein zu nehmen, eingehend über die Rasse und ihre Eigenheiten zu fachsimpeln sowie einiges über die Zucht- und Ausstellungserfolge des Zwingers zu erfahren – sofern man sich darüber nicht schon vorher erkundigt hat. Stellt sich dann noch heraus, daß der Züchter es ablehnt, einen Westie-Welpen schon mit acht Wochen abzugeben oder gar zu verschicken, und besteht er darauf, daß der Welpe zwischen der 10. und 12. Woche persönlich abgeholt wird, so spricht einiges dafür, daß man hier getrost einen Welpen kaufen kann. Im übrigen ist es zweckmäßig, frühzeitig zu erkennen zu geben, ob der Welpe als Haushund oder zu Zucht- und Ausstellungszwecken erworben werden soll.

Rüde oder Hündin?

Ob man einen Rüden oder eine Hündin erwirbt, ist entweder eine Frage der persönlichen Vorliebe oder das Ergebnis praktischer Überlegungen; jedenfalls gehören, was den West Highland White Terrier anbetrifft, die hinlänglich bekannten Geschichten über ausgeprägte geschlechtsspezifi- sche Wesensunterschiede zwischen Rüden und Hündinnen mehr oder weniger in das Reich der Fabel – anhängliche Schmuser und charmante Rüpel finden sich bei Rüden und Hündinnen gleichermaßen.

Im übrigen wird man seine Entscheidung sinnvollerweise davon abhängig machen, ob im Laufe eines Jahres die zweimalige, jeweils etwa 21 Tage während Läufigkeit der Hündin oder die fortwährende Minnebereitschaft des Rüden mit geringeren Problemen verbunden

Gespannte Aufmerksamkeit

sind, je nachdem, ob sich unter den Hunden der unmittelbaren Nachbarschaft mehr Rüden oder mehr Hündinnen befinden; oder ob man bei Regenwetter mangels Garten, in den man seinen Westie laufen lassen könnte, mit dem Rüden etwas länger, oder mit der Hündin nur kurz im Regen stehen möchte.

Wer nicht durch objektive Rahmenbedingungen festgelegt ist und keine, aus welchen Gründen auch immer, bestehende ausgeprägte Vorliebe für Rüde oder Hündin besitzt, sollte sich in dieser immer wieder hochgespielten Frage nicht ohne Not festlegen und in Ruhe den Wurf abwarten. Jedenfalls hat logischerweise derjenige die größte Chance, aus einem renommierten Zwinger einen Westie-Welpen zu bekommen, der sich in dieser Frage flexibel zeigt.

Die Auswahl des Welpen

Wer mit dem Züchter den Kauf eines Welpen für Zucht und Ausstellung vereinbart hat, wird davon ausgehen dürfen, daß ihn der Züchter bei der Auswahl des Welpen fachkundig berät, denn es ist ja schließlich auch der Name des Züchters, der mit einem ausgestellten Hund in Verbindung gebracht wird. In diesem Falle kann es jedoch sein, daß man sich mit der Übernahme des Welpen bis nach dem Zahnwechsel gedulden

muß, denn erst dann läßt sich exakt sagen, ob erlaubter Prämolarverlust vorliegt oder nicht, ob der Schluß korrekt ist oder nicht und ob er mit einiger Wahrscheinlichkeit auch korrekt bleiben wird.

Außerdem hat ein erfahrener Züchter bis zum Zahnwechsel genügend Zeit gehabt, die erforderliche Tauglichkeit des Welpen insbesondere für Ausstellungszwecke in jeder Hinsicht zu prüfen.

Die alte Faustregel, daß Merkmale, die direkt nach der Geburt, nach dem siebten Tag, der siebten Woche und dem siebten Monat konstant auftreten, auch auf Dauer erhalten bleiben, hat beim West Highland White Terrier tatsächlich einiges für sich, unter anderem wohl auch darum, weil Hunde dieser Rasse sich nach dem letztgenannten Zeitpunkt in ihren wesentlichen Körpermerkmalen nicht mehr gar zu sehr verändern. Dies gilt insbesondere dann, wenn sich der Welpe bis dahin harmonisch und nicht, was keineswegs selten ist, schubartig entwickelt hat.

Wer jedoch selbst die Qual der Auswahl hat, sollte nach Möglichkeit den Wurf mit „seinem" Welpen regelmäßig besuchen und beim 8 bis 10 Wochen alten Westie sein Augenmerk besonders auf folgende Punkte richten:

– Ein Westie-Welpe muß in diesem Alter die typischen Verhaltensmerkmale der Rasse ganz ausgeprägt zeigen, das heißt, er muß sich selbstbewußt, frech und fröhlich mit aufgerichteter Rute bewegen und munter mit seinen Wurfgeschwistern spielen; fremden Personen kann er mit aufmerksamer Zurückhaltung begegnen, er muß aber absolutes Vertrauen zur Bezugsperson (zum Züchter) zeigen. Ängstlich quäkende, furchtsame und verschreckte Welpen sind wesensmäßig völlig untypisch und versprechen, sich zu verhaltensgestörten Hunden zu entwickeln. In diesem Zusammenhang kann auch die hohe Wahrscheinlichkeit, daß es sich angesichts der Wesensfestigkeit der Rasse im Zweifel um erworbene und nicht um angewölfte Wesensmängel handeln dürfte, kein Grund sein, einen solchen Befund auf die leichte Schulter zu nehmen.

– Das Pigment muß stimmen: Nasenspiegel und Augenlider müssen in diesem Alter schwarz sein, sonst gibt es Probleme; die Färbung der straff anliegenden Lefzen sollte wenigstens dunkel-anthrazit sein, während der Gaumen dunkle Pigmentflecke (schwarz bis anthrazit) aufweisen muß; die Ballen sollten bereits schwarz sein, sie können indessen noch nachdunkeln, wenn entsprechende Pigmenteinlagerungen erkennbar sind. Krallen, die jetzt noch nicht schwarz sind, werden es in der Regel auch nicht mehr.

– Fehlerhafte Proportionen und Winkelungen werden sich niemals ganz auswachsen. Aus der Kombination von kurzem Hals und langem Rücken wird niemals eine wirklich gute obere Linie, steile Schultern und steile Hinterhand werden auch durch die beste Muskelentwicklung nicht zum Verschwinden gebracht.

– Aus zu kräftigen Knochen – sie sind relativ selten – können in den folgenden Streckphasen durchaus noch die gewünschten kräftigen Knochen werden, zu leichte Knochen werden es aber im Zweifel nie. Eine fehlerhafte Chippendale-Front wird sich in keiner Entwicklungsphase mehr korrigieren, und zierliche Pfoten mit schlecht gepolsterten Ballen bessern sich in aller Regel auch nicht mehr. Ein tiefer Rutenansatz bleibt, eine überzogene Rute normalisiert sich später meistens.

– Ein apfelförmiger Oberkopf mit schwachem Vorgesicht, großen runden Augen und fehlerhafter Augenlängsachse wird immer ein standardwidriger Toykopf bleiben, und ein zu langes Vorgesicht dürfte sich eher noch stärker ausprägen als abschwächen. Fast schwarze Augen können sich noch etwas aufhellen, gleiches gilt für helle Augen, die dadurch aller-

53

dings noch fehlerhafter werden. Ob die Ohren schon vollständig stehen oder nicht, ist belanglos, sofern sie klein sind und spitz zulaufen; große und runde Ohren werden niemals mehr korrekt, sind sie darüber hinaus auch noch schwer, so wird unter Umständen selbst das Stehen kritisch. Ein in diesem Alter bestehender leichter Rückbiß kann sich durchaus noch zu einer korrekten Schere herausbilden, ein Vorbiß hingegen wird sich im Zweifel eher noch verstärken als zu einem korrekten Gebißschluß führen.

– Je kürzer und härter das Haar des Welpen ist, desto sicherer wird der ausgewachsene Hund gutes Haar haben; Welpen mit großer Haarfülle sehen in diesem Alter zwar ganz reizend aus, ihr Haar kann aber zum Problem werden, wenn nicht zumindest im Bereich der Kruppe hartes Haar fühlbar ist. Reine „Woollies" werden höchst selten das erwünschte harte Deckhaar bekommen.

Wenn alle Welpen eines Wurfes einen gesunden, kräftigen Eindruck machen und keine Verhaltensauffälligkeiten zeigen, ist es letztlich Gefühlssache, für wen man sich entscheidet: für den Frechsten, den Aktivsten, den sebstbewußt Zurückhaltenden – oder wer sonst gerade Liebe auf den ersten Hundeblick ausgelöst haben mag.

Die Übernahme des Welpen

Zwar ist es den Züchtern nach den Bestimmungen der Zuchtordnung des KfT gestattet, einen Westie-Welpen mit vollendeten acht Wochen abzugeben, doch liegt das ideale Übergabealter eines Welpen zwischen der 10. und 12. Lebenswoche. Die letzte Entwicklungsphase eines Welpen, die Sozialisierungsphase, in der sein Verhalten als Hund gegenüber anderen Hunden entscheidend geprägt wird, liegt nämlich zwischen der 8. und 12. Lebenswoche. Je nach Entwicklungsfortschritt, der maßgeblich auch dadurch bestimmt wird, ob sich neben der Hündin auch ein Rüde um die Erziehung der Welpen kümmert, kann der Westie-Welpe demnach als wesensmäßig gefestigter, verhaltenssicherer kleiner Hund von der 10. Woche an in sein neues Zuhause entlassen werden.

Es sollte sich von selbst verstehen, daß der Züchter den neuen Eigentümern seines Zuchtproduktes auch in Zukunft mit Rat und Tat zur Seite steht, insbesondere dann, wenn es sich um Ersterwerber handelt.

Über etwaige zum Zeitpunkt der Abgabe des Welpen bestehende zuchtausschließende Fehler muß der Züchter den Käufer vor Abschluß des Kaufvertrages informieren. Der Käufer sollte sich bei dieser

Terrierwelpen lieben Abenteuerspielplätze

Gelegenheit vom Züchter den Wurf-abnahmeschein vorlegen lassen, der gegebenenfalls auch Angaben über wertmindernde Merkmale einzelner Welpen enthält. Ob ein Kaufvertrag über einen Welpen mündlich oder schriftlich geschlossen wird, ist für seine Gültigkeit belanglos. Muster-verträge erhält man beim VDH (s. S. 132).

Wenn die neuen Eigentümer nicht schon bei früheren Besuchen einen Futter- und Pflegeplan sowie umfassende Instruktionen für das Einleben des Welpen in der neuen Umgebung erhalten haben, so sind diese spätestens jetzt fällig. Bei der Übergabe des Welpen, der bei guter Gesundheit und vorschriftsmäßig geimpft und entwurmt sein muß, sind den neuen Eigentümern auch die vom Zuchtbuchamt des KfT ausgestellte Ahnentafel und der Impfpaß auszuhändigen. Liegt die zum Hund gehörende Ahnentafel dem Züchter zum Zeitpunkt der Abgabe des Welpen noch nicht vor, so wird er sie unverzüglich nachlie-fern.

Mit Ahnentafeln des KfT aus-gestattete Welpen werden tätowiert. Der Welpe trägt die Tätowiernum-mer (die Zuchtbuchnummer der Ahnentafel) als Identitätsnachweis

55

im rechten Ohr. Die Tätowiernummer ist auch noch im Impfpaß niedergelegt, der Angaben über folgende Erstimpfungen enthalten muß: Staupe, Hepatitis, Leptospirose und Parvovirose.

Die körperliche Übernahme des Welpen sollte schließlich so vonstatten gehen, daß sich ein Familienmitglied auf der Fahrt zum endgültigen Zuhause des vierbeinigen Familienzuwachses intensiv um den kleinen Westie kümmert, am besten die Person, die auch später während des Tages seine Hauptbezugsperson sein wird. Außerdem sollte man zu einer Tageszeit in der neuen Umgebung eintreffen, die es dem Welpen erlaubt, sich erst einmal von den An-

strengungen der Übersiedlung zu erholen, um dann die neue Umwelt neugierig und selbstbewußt zu erforschen und in Besitz zu nehmen.

Als absoluter Mittelpunkt des Interesses wird ein kleiner Westie sehr schnell sein Dasein genießen und die erste Nacht erschöpft und zufrieden schlafend in seinem Körbchen verbringen. Sollte er wider Erwarten unruhig sein und seinem alten Rudel nachtrauern, so kann man sein Körbchen neben das Bett stellen und dem Welpen durch gelegentliches Streicheln zu erkennen geben, daß er keinen Anlaß hat, sich allein zu fühlen. Und schon bald wird er sich so verhalten, als habe er nirgendwo anders gelebt.

Aufzucht, Pflege und Erziehung

Wer einen zehn bis zwölf Wochen alten Westie-Welpen in sein Haus geholt hat, tut zunächst einmal gut daran, die Ratschläge des Züchters zu beachten, damit sich die Veränderungen, denen der Welpe kurzfristig ausgesetzt wird, in Grenzen halten.

Selbstverständlich ist es keineswegs schädlich, sich vorher über die grundlegenden Fragen der Hundehaltung sachkundig zu machen, um auf diesem – gelegentlich in unverantwortlicher Weise theoretisch überhöhten – Gebiet zu einem eigenen Urteil zu gelangen.

Verständliche Sachbücher über Hundehaltung im allgemeinen mit fundierten Ausführungen über Aufzucht, Erziehung und Pflege sind inzwischen keine Seltenheit mehr, und für die niederläufigen Terrier insgesamt hat Wiebke Steen zu diesem

Ch. Peppermint Miss Marple; eine sehr feminine Hündin von bestem Typ mit korrekter Hals-, Schulter- und Frontpartie

57

„Keen expression" – der typische Terrierausdruck – zeigt sich bereits im Welpenalter

Thema in ihrem Buch „Terrier" auf der Grundlage gesicherter Erkenntnisse und langjähriger praktischer Erfahrungen eine Vielzahl beherzigenswerter Empfehlungen und Warnungen ausgesprochen.

Die Ausführungen zu Aufzucht, Pflege und Erziehung von West Highland White Terriern können sich deshalb, neben einigen grundlegenden Feststellungen, ganz auf rassespezifische Fragestellungen konzentrieren, um folgenschwere Fehler bei der Haltung eines Weißen Hochländers zu vermeiden.

Der Satz „Die Zucht macht den Welpen, die Aufzucht den Hund" ist nämlich zumindest insofern uneingeschränkt richtig, als auch ein in Konstitution und Wesen hervorragender Westie-Welpe durch schwerwiegende Aufzucht-, Pflege- und Erziehungsfehler noch gründlich ruiniert werden kann.

58

Aufzuchtbedingungen und Aufzuchtfehler

Bei der Aufzucht eines jungen West Highland White Terriers sollten zunächst folgende allgemeingültige Grundsätze beachtet werden:

- Der Welpe braucht eine ausreichend große, möglichst mit einer Decke gut ausgelegte und zugfrei aufgestellte Behausung, die ihm als Schlafplatz dient. Offene oder geschlossene Körbchen aus stabilem Kunststoff sind dabei solchen aus Holz oder Weidengeflecht vorzuziehen, da letztere recht schnell dem Kau- und Nageeifer eines aktiven Welpen zum Opfer fallen, wenn keine Kauknochen oder Büffelhautstäbchen verfügbar sind.
- Welpen haben ein ausgeprägtes Schlafbedürfnis. Dem ist insbesondere nach größeren Erkundungsgängen, die bei Welpen jedoch noch nicht zu Gewaltmärschen ausarten dürfen, und nach den Mahlzeiten (mit den danach zu verrichtenden größeren oder kleineren „Geschäften") sorgfältig Rechnung zu tragen.
- Ein Welpe muß regelmäßig gefüttert werden. Es ist daher wichtig, bestimmte Futterzeiten konsequent einzuhalten; frisches Trinkwasser muß stets vorhanden sein (siehe Kapitel Ernährung).
- Welpen haben einen natürlichen Erkundungsdrang. Es wäre un-

klug, diese Neigung – gerade bei einem so selbstbewußten und intelligenten Hund wie dem Westie – im eigenen Haus und Garten nicht zu unterstützen oder sie gar einzuschränken. Schließlich muß ein Hund das Territorium, das er bewachen und verteidigen soll, auch gründlich kennen.

- Junge Hunde sind im Gebäude noch sehr lose, deshalb können durch Aufzuchtfehler insbesondere Bänder und Muskeln geschädigt und unter extremen Bedingungen sogar die Knochen deformiert werden. Dies gilt generell vor allem für das Hochnehmen junger Hunde: Sie dürfen niemals an den Vorderläufen hochgezogen oder gar unter den Ellenbogen hochgestemmt werden. Richtig ist hingegen, mit einer Hand unter das Hinterteil des Hundes zu greifen, möglichst ohne dabei die Rute einzuklemmen, und die andere Hand unter den vorderen Teil des Brustkorbs zu legen, wobei man noch mit Daumen und kleinem Finger die Vorderläufe des Hundes umfassen kann.

Wie bei allen niederläufigen Hunden ist es auch beim WHWT im Blick auf Knochen-, Muskel- und Bänderschäden ein unter Umständen folgenschwerer Aufzuchtfehler, einen weniger als zehn bis elf Monate alten Hund regelmäßig Treppen steigen oder niedrige Brü-

Ch. Bathgate St. John at Ashgate, Internationaler und Deutscher (KfT und VDH) Champion, VDH-Europasieger 1995 und 1996

stungen erklimmen zu lassen. Krumme Rücken und fehlerhafte Fronten mit ausgedrehten Ellenbogen, nicht am Brustkorb anliegenden Oberarmknochen und losen Schultern sind die Folgen dieses Fehlers. Auch das Gebiß, das Haar und die Ohren des Weißen Hochländers können durch Aufzuchtfehler geschädigt werden. Während des Umzahnens, also in der Phase des Wechsels vom Welpengebiß zu den bleibenden Zähnen, sollte man auf keinen Fall in der Weise mit dem jungen Westie spielen, daß man ihn an Tüchern oder Ähnlichem zerren läßt oder ihn hinter sich herzieht.

Veränderungen der Zahnstellung, insbesondere bei den Schneidezähnen, oder gar des Unterkiefers, der ja nur ein sogenannter Deckknochen ist, können die Folge sein, denn die Kraft, die ein junger Westie beim Sich-Entgegenstemmen entwickelt, und ihre Auswirkungen auf noch nicht gefestigte Zähne und Knochen werden häufig unterschätzt. Mancher Zangen- und mancher knappe Scherenschluß sind auf diese Weise schon zum Vorbiß geworden. Kalbsknochen oder Kauknochen aus Büffelhaut sind während des Umzahnens ideal; das intensive Benagen dieser Knochen hilft, die Zähne des Milchgebisses zu lockern, das Zahnfleisch zu massieren und die Kiefer zu festigen. Während des Zahnwechsels kommt

es häufiger vor, daß bereits stehende Ohren wieder kippen. Neben einer besonders mineralstoffreichen Ernährung in dieser Phase ist darauf zu achten, daß die Ohren kurz nach Beendigung des Umzahnens wieder zum Stehen kommen. Ist dies vor allem bei relativ großen Ohren nicht bis zum 8. Monat geschehen, so sollten die Ohren regelmäßig massiert oder aber „geklebt" werden. Wenn diese Prozedur wirklich notwendig werden sollte, ist es ratsam, sie durch den Züchter oder einen erfahrenen Tierarzt vornehmen zu lassen.

Häßliche Haarverfärbungen, die vor allem an den Pfoten durch intensives Belecken hervorgerufen werden, sofern besonders aggressiver Speichel auf eine bestimmte Haarstruktur trifft, sind nur vermeidbar, wenn man die Unart des Pfotenleckens durch ein scharfes „Pfui" oder „Aus" unterbindet.

Zur artgerechten Aufzucht eines Weißen Hochländers gehört auch die Sicherung der notwendigen Bewegung. Ohne sie kann sich die Muskulatur, insbesondere die der Hinterhand, nicht so kräftig entwickeln, wie es bei dieser Rasse aus guten Gründen erwünscht ist.

Pflegehinweise

Die regelmäßige und sorgfältige Pflege eines Weißen Hochländers dient

61

Endlich ist hier was los!

nicht nur seiner Gesundheit, sondern auch seinem typischen Aussehen.

Soweit sich die Pflege unseres West Highland White Terriers auf seine Ernährung bezieht oder auf die Erhaltung seiner Gesundheit, vor allem was Zähne, Augen und Ohren anbetrifft, so sind diese Fragen ausführlich in den Kapiteln „Ernährung" und „Gesundheit" behandelt. Auch nur in einem der beiden Bereiche nicht die notwendige Sorgfalt walten zu lassen, ist nicht nur verantwortungslos dem Hund gegenüber, sondern überdies im Zweifel auch sehr teuer. Leider gibt

es noch einige häufige Pflegefehler, die zwar primär das typische Aussehen des West Highland White Terriers berühren, in krasser Form aber auch seine Gesundheit beeinträchtigen können; sie betreffen Pfoten, Fell und Ohren.

Wenn sich die Krallen eines Weißen Hochländers nicht mehr auf natürlichem Wege abschleifen, was unter den heutigen Lebensumständen des Hundes häufig geschieht, dann müssen sie durch regelmäßiges Schneiden mit einer Krallenzange kurz gehalten werden. Überlange Krallen und Spreizpfoten sind

62

keineswegs nur Schönheitsfehler, sie verändern nicht selten die Pfotenstellung (die Pfote dreht nach außen) und beeinträchtigen schließlich das Gangwerk insgesamt. Zu Verfilzungen zwischen den Ballen, in die sich dann leicht Schmutz und kleine Steine setzen, kommt es, wenn die Haare zwischen den Ballen nicht kurz gehalten werden. Warnzeichen in dieser Richtung sind ständiges Lecken und Nagen an den Pfoten. Beim Krallenschneiden ist im übrigen bei gut pigmentierten Nägeln besonders darauf zu achten, daß die Ader in der Kralle nicht verletzt wird. Wird das Fell eines doppelhaarigen Hundes nicht regelmäßig zunächst mit der Bürste und dann mit einem Kamm gepflegt, kommt es im günstigsten Falle zu Verfilzungen und Verknotungen, deren Beseitigung für den Hund höchst schmerzhaft ist. Bei längerer Zeit bestehenden Verfilzungen der Unterwolle kann es zur Ekzembildung kommen.

Übergroße Reinlichkeit ist ebenso falsch: Häufiges Baden schadet nicht nur der Haarstruktur, denn das harte Deckhaar wird weich und verliert, sofern kein rückfettendes Shampoo verwendet wird, seine Fähigkeit, Schmutz abzuweisen, es schadet auch der Haut, denn deren natürlicher Säuremantel kann geschädigt werden, was eine stärkere Entzündungsneigung zur Folge hat.

Um Verfärbungen und Verklebungen am Barthaar zu vermeiden, sollte das Haar im Schnauzenbereich nach jedem Fressen gereinigt werden, außerdem sollte es selbstverständlich sein, daß die Afterregion nach jedem „Geschäft" kontrolliert und gegebenenfalls gesäubert wird.

Regelmäßige Fellpflege, die aufgrund des Massageeffektes über eine bessere Durchblutung der Haut der Haarqualität auch indirekt zugute kommt, ist durch sporadische Großeinsätze nicht zu ersetzen, und nur wenn sich unser Westie einmal in Aas oder noch übler Riechendem gewälzt haben sollte, ist eine Dusche unter Verwendung eines rückfettenden Spezialshampoos fällig. Wird der Hund danach trockenfrottiert (fönen ist nicht wünschenswert, es sei denn, der Hund könne sein Haar nicht zugfrei trocknen) und gebürstet, so hält sich die Beeinträchtigung der Haarqualität in Grenzen.

Schließlich kommen die Ohren einiger Westie-Welpen durch mangelnde Pflege gelegentlich nicht zum Stehen: Werden bei extrem starkem Haarwuchs an den weichen Ohren die Ohrmuscheln für längere Zeit nicht fachgerecht freigetrimmt, so kann die schwere Befederung verhindern, daß sich die Ohren korrekt aufrichten. Außerdem ist beim Westie auf den Haarwuchs im äußeren Gehörgang sorgfältig zu achten; er begünstigt das Entstehen von Ohr-

63

entzündungen. Die betreffenden Haare müssen regelmäßig ausgezupft werden, um solche Entzündungen zu vermeiden.

Grundlagen der Erziehung und Einzelprobleme

Die Erziehung eines Hundes erfordert Konsequenz, Geduld und Einfühlungsvermögen – in dieser Hinsicht sind Hunde eben auch ⸌nur Menschen! – sowie die Kenntnis der Tatsache, daß Hunde nicht logisch denken, sondern assoziativ. Dies bedeutet schlicht, daß selbst ein intelligenter Westie üblicherweise nicht in der Lage ist, zwei in größerem zeitlichem Abstand stattfindende Ereignisse, die in ursächlichem Zusammenhang stehen, als ursächlich zusammenhängend zu begreifen; sein Denken vollzieht sich vielmehr in der Form, daß er zwei zeitlich unmittelbar aufeinanderfolgende Ereignisse in der Regel als zusammengehörig betrachtet.

Dieser Umstand hat für die Erziehung von Hunden weitreichende Konsequenzen:
– Das Strafen eines Hundes ist nur sinnvoll, wenn man ihn beim Begehen oder unmittelbar nach Begehen einer Missetat ertappt. Als Strafe geeignet sind ein scharfer „Anpfiff" und Schütteln des Hundes mit festem Griff im Nackenfell. Auf diese Weise lernt der Hund sehr schnell, was er darf und was er nicht darf. Schläge sind als Strafe denkbar ungeeignet, ein leichter Klaps kann jedoch unter Umständen vertretbar sein.
– Um einem Hund klarzumachen, was er zu tun hat, ist ein unmittelbar nach der Leistung gespendetes Lob, unter Umständen auch in Form von Leckereien, das gebotene Mittel. Wer seinen Hund zehnmal vergeblich zu sich gerufen hat, muß ihn, selbst wenn das Stimmungsbarometer auf Orkan steht, intensiv loben, wenn er denn gütigerweise beim elften Mal tatsächlich kommt. Wer in einer solchen Situation die Selbstbeherrschung verliert und seinen Hund in dem Moment, in dem er zu ihm gekommen ist, bestraft, bewirkt damit nur, daß der Hund mit „auf Befehl zu Herrchen kommen" bündig „bestraft werden" assoziiert. Ein solcher Hund wird seinen „Erzieher" in vergleichbaren Situationen nur noch mit Sicherheitsabstand umkreisen, was unter anderem das Anleinen ganz außerordentlich erschwert. Mit der Hand geprügelte Hunde können sogar handscheu werden.

Zur Konsequenz bei der Erziehung eines so selbstbewußten Hundes, wie es dieser Terrier ist, gehört auch, daß man geduldig das Befolgen einer einmal gegebenen Anordnung herbeiführt und daß man für ein und dieselbe Anordnung auch stets ein und dasselbe Kommando bei entsprechendem Tonfall verwendet. Ein Westie lernt so sehr schnell, wer der Rudelführer ist – insbesondere dann, wenn dieser beim Erziehen seines Weißen Hochländers klug genug ist, nur dann einen Befehl zu geben, wenn er ihn auch durchsetzen kann. Im übrigen: Wer nicht sofort mit der Erziehung seines West Highland White Terriers beginnt, darf sicher sein, von ihm

erzogen zu werden. Hundeerziehung läßt sich nun einmal nicht aufschieben. Es ist kaum möglich, einem Hund klarzumachen, daß Dinge, die zwei Wochen lang geduldet oder gar mit Entzücken verfolgt wurden, plötzlich verboten sein sollen.

Obwohl über die Erziehung zur Stubenreinheit bei manchen Schreibtischkynologen recht seltsame Vorstellungen bestehen, ist sie üblicherweise nicht mit Schwierig-

Ein vorbildlicher Westie-Wurf im Alter von sechs Tagen

keiten verbunden. Entscheidend ist, daß man sich einige Tage Zeit nimmt, den gerade erworbenen Welpen genau zu beobachten und die zeitliche Abfolge seiner Bedürfnisse kennenzulernen, denn kleine und vor allem größere Geschäfte kommen nicht aus heiterem Himmel.

Die Erfahrung lehrt, daß man mit folgender Faustregel in relativ kurzer Zeit sicher zum Erfolg kommt: Wer mit dem Welpen nach jedem Fressen, nach jedem Schlafen, zwischendurch spätestens nach jeweils eineinhalb bis zwei Stunden und dazu abends so spät und morgens so früh wie möglich nach draußen an den Ort geht, der auf Dauer sein Löseplatz sein soll, dort genügend Ge-

duld für den Hund aufbringt und ihn nach Erledigung seiner Geschäfte ausgiebig lobt, hat sehr bald einen stubenreinen Hund, der anzeigt, wann er „muß".

War der Welpe bei seinem Züchter daran gewöhnt, sich auf Zeitungspapier zu lösen, wobei die Zeitungsfläche im Laufe der Zeit immer kleiner wurde, so empfiehlt es sich grundsätzlich, dieses Verfahren insoweit beizubehalten, als man dem Welpen die Zeitung zunächst als Löseplatz läßt (im Idealfall auf dem Balkon oder auf der Terrasse).

Trotzdem sollte der Hund zu den schon genannten Anlässen und Zeiten regelmäßig nach draußen geführt werden, und zwar möglichst an einen Ort, dessen Untergrund dem Auslauf des Welpen beim Züchter ähnelt. Der Welpe wird sich recht bald daran gewöhnen, seine Geschäfte draußen zu verrichten, da er den natürlichen Trieb hat, seine Behausung sauberzuhalten, ganz davon abgesehen, daß es draußen interessanter riecht.

Wenn man feststellt, daß ein Welpe sich nach dem Fressen oder Schlafen mit suchendem Schnüffeln unter auffälligen Drehungen niederhockt, kann man ihn noch hochnehmen und nach draußen auf seinen Löseplatz setzen. Bei einem Welpen, der mit der Zeitungsmethode erzogen wurde, wäre es jedoch problematisch, ihn noch hochzunehmen, wenn er sich auf seine Zeitung gehockt hat; er könnte das so verstehen, daß er nicht mehr auf die Zeitung machen soll, was aber für nachts und für längere

Zeiten des Alleinseins am Tage durchaus wünschenswert ist.

Ein wohlerzogener West Highland White Terrier darf aber nicht nur seine Wohnung nicht verunreinigen, er soll sie auch bewachen und verteidigen; letzteres gilt auch für seine zweibeinigen Rudelgefährten. Es gehört zur natürlichen Ausstattung eines Weißen Hochländers, dies ohne große Anleitung zu tun. Wer aber in eitler Freude darüber, daß er sich seinem Volke mit einem außergewöhnlich attraktiven Hund zeigen kann, diesen von jedermann streicheln läßt, darf sich nicht wundern, wenn sein Westie, den Wachsamkeit und ein freundlich distanziertes Selbstbewußtsein gegenüber Fremden auszeichnen, bald eine seiner schätzenswerten Gebrauchseigenschaften verliert und zu jedermanns Liebling wird.

Von der Erziehung eines Weißen Hochländers bis zu seiner Ausbildung ist es, angesichts der hervorragenden Gebrauchseigenschaften des Hundes, eigentlich nur ein kleiner Schritt. Leider wird dieser Schritt nur zu selten getan.

Die Zahl der West Highland White Terrier, die zu verkehrssicheren Begleithunden ausgebildet oder jagdlich geführt werden, oder die Gelegenheit haben, sich mit Bravour auf Gebrauchshundeplätzen zu tummeln, ist in Deutschland leider noch gering.

Das Ausstellungswesen

Das Ausstellungswesen ist heute ein bedeutender Zweig des Hundesports, der sich zunehmender Beliebtheit erfreut. Wenn auch nicht zu verkennen ist, daß Hundeausstellungen, die angesichts ihrer kynologischen Zielsetzung besser Zuchtschauen heißen sollten, für einige vom Mittel zum Zweck der Hundezucht entartet sind, so ist ihr Wert unter sachkundigen Hundefreunden doch nach wie vor unbestritten.

Zuchtschauen sind, wie Robert Bandel gültig festgestellt hat, zuchtfördernde Einrichtungen, die das Zuchtniveau widerspiegeln und den Interessenten informieren.

Schon mancher, der als Zuschauer eine Rassehundezuchtschau besuchte, um sich einmal unverbindlich zu informieren, ist zum Liebhaber einer bestimmten Rasse und zum Halter eines Hundes dieser Rasse geworden; schon mancher, der seinen Hund einfach „nur einmal" von einem Zuchtrichter beurteilen oder auf Bitten des Züchters die Zuchttauglichkeit seines Hundes bestätigen lassen wollte, als dies noch auf Zuchtschauen möglich war, hat sich zum begeisterten Aussteller und engagierten Züchter entwickelt.

Das Ausstellungsreglement

Für jeden, der seinen Westie Terrier ausstellen möchte, sind gewisse Grundkenntnisse des international streng reglementierten Ausstellungswesens unerläßlich.

Die wichtigsten Gegenstände der Bestimmungen der Zuchtschauordnungen der F.C.I., des VDH und des KfT sind
– die Einteilung der Zuchtschauen,
– die Klasseneinteilung auf Zuchtschauen,
– die Formwertnoten und
– die Vergabebedingungen für Championate.

Die Einteilung der Zuchtschauen

Zuchtschauen werden in Spezialzuchtschauen, Allgemeine Rassehunde-Zuchtschauen und Internationale Rassehunde-Zuchtschauen eingeteilt.

Spezialzuchtschauen, auf denen West Highland White Terrier ausgestellt werden können, veranstaltet der Klub für Terrier für die zur Zeit 26 von ihm vertretenen Terrierrassen von Anfang Februar bis Mitte Dezember an beinahe jedem Wochenende, je nach Jahreszeit in der Halle oder im Freien.

Auf diesen Zuchtschauen können, jeweils getrennt nach Rüden und Hündinnen, das CAC (Certificat d'aptitude au championat) als Anwartschaft auf den Titel Deutscher Champion (KfT) und das Jugend-CAC als Anwartschaft auf den Titel KfT-Jugendchampion errungen werden, sofern die Spezialzuchtschau des KfT unter Terminschutz des VDH stattfindet; darüber hinaus werden auch Anwartschaften auf den Titel Deutscher Champion (VDH) vergeben.

Auf der jährlich stattfindenden Klubsieger-Zuchtschau des KfT kommen außerdem noch die Titel Klubsieger und Klubjugendsieger zur Vergabe.

Allgemeine Rassehunde-Zuchtschauen, die praktisch kaum noch veranstaltet werden, und **Internationale Zuchtschauen** sollen stets in überdachten Räumen unter Verwendung von Boxen und Käfigen durchgeführt werden.

Diese Ausstellungen haben stets den VDH-Terminschutz, **Internationale Zuchtschauen,** von denen in der Bundesrepublik Deutschland jährlich etwa zwölf bis fünfzehn veranstaltet werden, zusätzlich die Anerkennung der F.C.I.

Auf Internationalen Zuchtschauen kann, über die schon genannten Anwartschaften hinaus, noch das begehrte CACIB (Certificat d'aptitude au championat international de beauté), die Anwartschaft auf das Internationale Schönheitschampionat, vergeben werden. Weltweites Ansehen haben sich inzwischen Deutschlands berühmteste Internationale Rassehunde-Zuchtschauen, die VDH-Europasieger- und die Bundessieger-Zuchtschau, erworben.

Die hier vergebenen Tagestitel VDH-Europasieger und VDH-Europajugendsieger sowie Deutscher Bundessieger und Bundesjugendsieger werden mit Recht hochgeschätzt.

Die Klasseneinteilung

Auf Zuchtschauen werden die Hunde, getrennt nach Rüden und Hündinnen, in verschiedenen Klassen gerichtet; jeder Hund darf nur in einer Klasse gemeldet werden.

Für Terrierrassen, die vom KfT vertreten werden, gilt folgende Einteilung:

Jüngstenklasse. Für Terrier im Alter von sechs bis neun Monaten.

Jugendklasse. Für Terrier im Alter von 9 bis 18 Monaten.

Offene Klasse. Für alle Terrier mit einem Mindestalter von 15 Monaten.

Gebrauchshundklasse. Für alle Terrier, die mindestens 15 Monate alt sind und ein Ausbildungskennzeichen erworben haben.

Championklasse. Für Terrier, die mindestens 15 Monate alt sind und einen anerkannten Champion- oder Siegertitel errungen haben.

Zuchtklasse. Für Terrier, die mindestens 15 Monate alt und zur Zeit der Ausstellung ohne Unterbrechung Eigentum des Züchters sind.

Die Zuchtklasse wird nur auf den Spezialzuchtschauen des KfT eingerichtet; auf Internationalen Zuchtschauen sind Hunde, die auf KfT-Schauen in dieser Klasse gemeldet werden können, in der Offenen beziehungsweise Championklasse zu melden.

Zu beachten ist weiterhin, daß auf Spezialzuchtschauen des KfT nur in der Offenen, Gebrauchshund- und Championklasse gemeldete Hunde um das CAC konkurrieren können; auf Internationalen Zuchtschauen stehen die Hunde aus der Offenen, der Gebrauchshund- und der Championklasse im Wettstreit um das CACIB.

Darüber hinaus besteht auf Spezialzuchtschauen des KfT noch die Möglichkeit, Hunde in der Ehrenklasse, der Veteranenklasse oder „außer Konkurrenz" starten zu lassen. Terrier, die in diesen Klassen

entsprechend den Bestimmungen der Zuchtschauordnung der KfT gemeldet sind, erhalten zwar auch Formwertnoten oder werden plaziert, konkurrieren aber nicht um die Anwartschaften.

Die Formwertnoten

Nach Artikel 19 des Ausstellungsreglements der F.C.I. müssen sich die Zuchtrichter in ihrem Urteil streng an den Standard der zu richtenden Rasse halten, wie er von der F.C.I. veröffentlicht ist. Sie können folgende Formwertnoten vergeben: Vorzüglich, Sehr gut, Gut, Genügend, Nicht genügend.

Vorzüglich darf nur einem Hund zuerkannt werden, der dem Idealstandard der Rasse sehr nahe kommt, in ausgezeichneter Verfassung vorgeführt wird, ein harmonisches, ausgeglichenes Wesen ausstrahlt, der „Klasse" und eine hervorragende Haltung hat. Seine überlegenen Eigenschaften seiner Rasse gegenüber werden kleine Unvollkommenheiten vergessen machen, aber er wird die typischen Merkmale seines Geschlechts besitzen.

Sehr gut wird nur einem Hund zuerkannt, der die typischen Merkmale seiner Rasse besitzt, von ausgeglichenen Proportionen und in guter Verfassung ist. Man wird ihm einige verzeihliche Fehler nachsehen, jedoch keine morphologischen. Dieses Prädikat kann nur einem Klassehund verliehen werden.

Wer sich als Aussteller eines West Highland White Terriers die Anforderungen, die die Formwertnote „Sehr gut" an einen Hund stellt, vor dem Hintergrund der Bestimmungen des jeweiligen Rassestandards einmal kritisch vor Augen führt, müßte eigentlich über diese Note sehr glücklich sein, denn sie darf nur einem Klassehund verliehen werden.

Das „Vorzüglich" hingegen muß wirklichen Spitzenhunden vorbehalten bleiben, will man seine Aussagekraft nicht verfälschen – oder, um mit Peter Beyersdorf zu sprechen: Nicht jeder schöne Hund kann ein „V" bekommen.

Im übrigen ist das Richterurteil grundsätzlich verbindlich und unanfechtbar; es sollte in sportlicher Haltung akzeptiert werden. Einer der bedeutendsten englischen Kynologen, W. L. McCandlish, hat schließlich schon 1909 mit dem ihm eigenen Sarkasmus für seine Lieblingsrasse die durchaus generalisierbare Feststellung getroffen: „Die Rasse wird häufig von Personen gerichtet, die bei ihrem Urteil besonderes Gewicht auf Punkte legen, die für die Rasse von Bedeutung sind, die sie am besten kennen. – Diese Richter geben ihr Bestes, und ich habe nicht

die Absicht, sie unter Beschuß zu nehmen, aber ich würde gern alle Züchter erschießen, die Hunde züchten, die solchen Richtern gefallen."

Die Vergabebedingungen für Championate

Für die wichtigsten Championtitel, die West Highland White Terrier erringen können, gelten folgende Vergabebedingungen:

KfT-Jugendchampion. In der Jugendklasse müssen unter mindestens drei verschiedenen Richtern in mindestens zwei KfT-Landesgruppen vier Anwartschaften (Jugend-CACs) erworben werden.

Deutscher Champion (KfT). Unter mindestens drei verschiedenen Richtern müssen in mindestens zwei KfT-Landesgruppen vier Anwart-

schaften (CACs) erworben werden, davon mindestens eine auf einer Internationalen oder der Klubsieger-Zuchtschau. Zwischen der ersten und der letzten Anwartschaft müssen mindestens 12 Monate und 1 Tag liegen.

Deutscher Champion (VDH). Es müssen vier bestätigte Anwartschaften auf das VDH-Championat (VDH-CAC) vorgelegt werden; mindestens zwei müssen auf einer Internationalen Rassehunde-Zuchtschau erworben sein, zwei weitere können auf Spezialzuchtschauen, die vom VDH geschützt sind, errungen

werden. Zwischen der ersten und der letzten Anwartschaft müssen mindestens 12 Monate und 1 Tag liegen.

Internationaler Champion. Es müssen vier durch die F.C.I. bestätigte CACIB unter drei verschiedenen Richtern in drei verschiedenen Ländern errungen werden, davon eines im Heimatland des Hundeeigentümers oder im Ursprungsland der Rasse.

Zwischen dem ersten und dem letzten CACIB muß ein zeitlicher Zwischenraum von mindestens einem Jahr und einem Tag liegen.

26 Terrierrassen, die vom Klub für Terrier e. V. von 1894 betreut werden

Die Vorbereitung eines West Highland White Terriers für die Ausstellung

Um mit einem West Highland White Terrier Ausstellungserfolge erringen zu können, sind Kenntnisse des Ausstellungsreglements zwar wichtig, entscheidend für den Erfolg ist indessen die Beurteilung des Hundes im Ausstellungsring. Um es ganz deutlich zu sagen:

Mit einem Weißen Hochländer, der in Konstitution und Wesen dem Rassestandard möglichst vollkommen entspricht, hat man sicherlich eine wichtige Voraussetzung für hervorragende Beurteilungen geschaffen, doch um auf Dauer ganz vorn zu stehen, muß auch ein Spitzenhund stets in bester Verfassung im Ring präsentiert werden.

Damit ein Westie in bester Kondition im Ring vorgeführt werden kann, benötigt er ein perfektes Trimming, ein sorgfältiges Training und gekonntes Handling.

Erstklassiges Trimming, Training und Handling erfordern beim West Highland White Terrier neben der souveränen Beherrschung des Rassestandards einen sicheren Blick für die Qualitäten eines Hundes dieser Rasse, Einfühlungsvermögen in die Persönlichkeit eines Westie, viel Geduld und konsequente Arbeit.

Trimming

Bevor man sich daran gibt, einen West Highland White Terrier zu trimmen, sollte man sich vor Augen halten, daß der fertig getrimmte Westie nie „übertrimmt" aussehen darf, er soll vielmehr ein natürliches Erscheinungsbild bieten und harmonische Konturen aufweisen. Dazu gehört, daß die Übergänge zwischen den unterschiedlich getrimmten Körperpartien möglichst fließend sind.

Bei einem als Haushund gehaltenen Westie reicht es, wenn er etwa alle drei Monate gründlich getrimmt wird, wobei Ohren, Rute und Pfoten auch zwischenzeitlich in Ordnung gebracht werden sollten. Ein Ausstellungshund hingegen, dessen Haarkleid sich über lange Zeit in möglichst gleichbleibend guter Kondition befinden muß, sollte einmal jährlich – zweckmäßigerweise rechtzeitig vor Beginn der Ausstellungssaison – an Hals, Rücken, Schultern und Seiten bis auf die Unterwolle abgetrimmt werden. Während der Saison läßt sich der Hund durch 14tägiges Nachtrimmen beziehungsweise -schneiden und tägliches Bürsten in Kondition halten.

Anfängern ist dringend zu empfehlen, sich die Grundkenntnisse des Westie-Trimmens bei einem Fachmann (Züchter) durch mehrmaliges Zuschauen anzueignen.

Folgende Werkzeuge werden für ein fachgerechtes Trimmen benötigt: 1 großzahniges Trimmesser, 1 feingezahntes Trimmesser, 1 Effilierschere, 1 Bürste mit gebogenen Drahtborsten, 1 Metallkamm, 1 Haarschneideschere, 1 Krallenzange, 1 Kreideblock.

Das Trimmen erfolgt zweckmäßigerweise auf einem Trimmtisch oder auf einer rutschfesten Unterlage (Gummimatte, Teppichfliese), die auf einen normal hohen Tisch gelegt wird. Vor dem Trimmen empfiehlt sich stets eine Behandlung mit Kreide, da das Haar dann griffiger wird und sich leichter herauszupfen läßt.

A Man beginnt an einer gedachten Linie direkt hinter den Ohren und zupft überständiges, unordentliches Haar aus, bis das Deckhaar hart und fest anliegt; man benutzt dazu Daumen und Zeigefinger oder ein Trimmesser. Bei der Handhabung des Trimmessers ist darauf zu achten, daß das Haar nicht abgeschnitten, sondern ganz herausgezupft wird. Auf diese Weise arbeitet man sich vom Nacken über Schultern, Rücken und Körperseiten bis hin zum Rutenansatz vor. Das Nackenhaar muß in einer harmonischen Linie über den Widerrist in das Rückenhaar übergehen. Das Nacken- und Rückenhaar soll glatt und fest anliegen, wobei die Haarlänge dem Standard entsprechend etwa 5 cm beträgt. Der Rücken soll absolut gerade wirken. Leichte Unebenheiten können durch entsprechendes Trimming sehr gut ausgeglichen werden!

B Die Rute wird so getrimmt, daß sie am Ansatz breit wirkt und nach oben hin in einer Spitze endet („Tannenbäumchen"). Auf der Unterseite der Rute darf keinerlei Befederung stehenbleiben; das Haar wird dort mit der Schere in Wuchsrichtung kurz geschnitten. Das Haar auf der Oberseite der Rute wird so gezupft, daß diese wie ein abgeflachtes Dreieck wirkt.

C Als nächstes ist das Haar über den Hinterläufen in Ordnung zu bringen. Das Haar unter der Rute, vom Rutenansatz bis etwa zur halben Entfernung zu den Sprunggelenken, wird mit Hilfe des feinen Trimmessers und der Effilierschere ganz kurz gehalten. Das Haar zwischen den Läufen und über den Sprunggelenken läßt man länger stehen, achtet aber darauf, daß es keine aufgeplusterten „Höschen" bildet, das Bein des Westie sollte nie so aussehen wie das eines Cowboys in Reithosen. Leider sieht man das recht häufig.

D Nun begibt man sich an die Hinterpfoten. Das Haar soll kurz und dick sein und nirgendwo überstehen. Man entfernt mit der Schere das überstehende Haar zwischen den Ballen und rund um die Pfoten, die rund aussehen sollten, ohne „durchgetreten" zu wirken.

E Das Körperhaar am Bauch läßt man voll und lang; entfernt wird nur unordentliches Haar, das den Gesamteindruck stört. Dies geschieht teils durch Rupfen, teils durch Schneiden. Die Haarspitzen schneidet man zu einer gleichmäßigen, den unteren Körperkonturen entsprechenden Linie, um so die Brustkorbtiefe zu betonen.

F Das Haar an den Vorderläufen kämmt man zunächst auf und die äußeren Spitzen dann wieder hinunter. Danach erkennt man genau, wo überstehendes Haar ausgezupft oder abgeschnitten werden muß. Die Läufe sollten aus jeder Blickrichtung wie dicke, gerade Säulen wirken. Auf den Ellenbogen werden mit Hilfe der Effilierschere alle langen, abstehenden Haare entfernt, damit die Front weder im Stand noch in der Bewegung breit oder ausgedreht wirkt. An den Läufen darf nicht zuviel Haar ausgerupft werden, da es hier nur sehr langsam wächst. Abschließend schneidet man die Vorderpfoten ebenso wie die Hinterpfoten rund und achtet auf kurzgeschnittene Zehennägel.

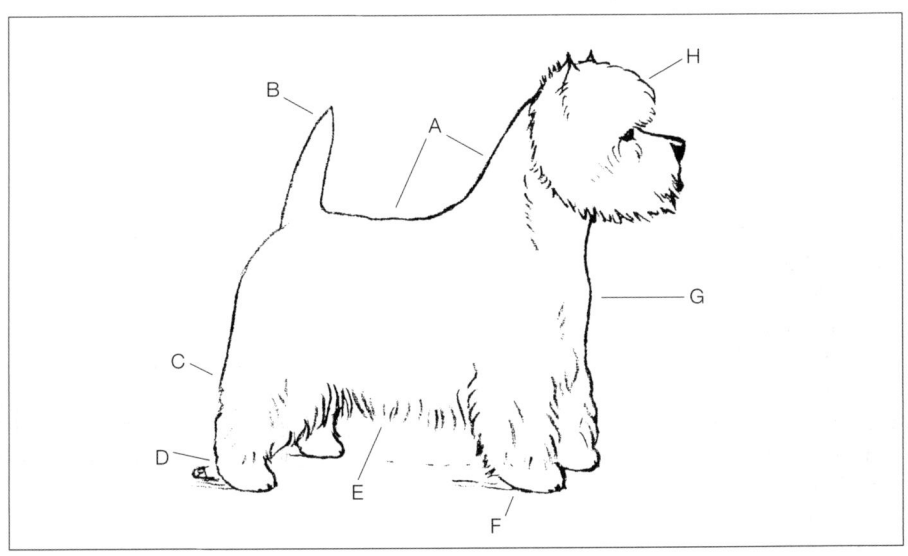

Das Trimming

G Das Haar an den Halsseiten, auf den Schulterblättern bis hinunter zu den Ellenbogen und unter dem Kopf bis zum Ansatz der Vorderläufe wird mit Hilfe des feinen Trimmessers und der Effilierschere kurz gehalten. Das lange Bauchhaar zwischen den Vorderläufen hingegen läßt man bis zur Brustbeinspitze in Form eines Dreiecks als „Schürze" stehen. Die Front soll von vorn schmal und absolut gerade wirken.

H Das Kopfhaar wird zunächst nach vorn und anschließend aufgekämmt. Die Kopfbehaarung soll dicht und voll sein. Der fertiggetrimmte Kopf sollte wie eine Chrysantheme wirken, aus der die Ohrenspitzen zu etwa einem Drittel hervorragen. Es ist deshalb zweckmäßig, zunächst die Haare an den Rändern und auf der Innen- und Außenfläche des oberen Ohrdrittels abzutrimmen. Das Haar am inneren Ohransatz sollte so lang belassen werden, wie auch das übrige Haar zwischen den Ohren und auf dem Oberkopf sein soll. Die Rundung des Kopfes muß durch Auszupfen und gegebenenfalls Schneiden des Haares so ausgearbeitet werden, daß sich das Haar auf dem Kopf nicht scheitelt und schwer herunterhängt.

Mit einem perfekten Trimming, das die Vorzüge des ausgestellten West Highland White Terrier betont und etwaige Schwachstellen optisch möglichst weitgehend mildert, ist ein wesentlicher Schritt zur Vorbereitung eines Weißen Hochländers auf die Ausstellung getan.

Training

Ebenso wichtig wie ein perfektes Trimming ist ein sorgfältiges Training des Hundes für den Ausstellungsring.

Sicherlich gibt es gerade beim West Highland White Terrier zahlrei-

Wir wollen auch zur Ausstellung

che Hunde, zu deren natürlicher Ausstattung es gehört, nach der Devise aufzutreten: „Hier bin ich, und hier ist vorn!" Doch selbst solche Hunde, denen unschwer anzusehen ist, daß es sich um „geborene Zeiger" handelt, müssen ein gründliches Ringtraining durchlaufen haben, um sich in großen Wettbewerben an der Spitze behaupten zu können.

Dieses Training muß bereits im Welpenalter beginnen. Schon im zarten Alter von sechs Wochen sollte der für eine Ausstellungskarriere vorgesehene Welpe regelmäßig mit erhobenem Kopf und aufrechter Rute „aufgebaut" werden. Dies kann auf einer rutschfesten Unterlage oder, besser noch, auf den Knien des Trainers geschehen, weil der unmittelbare körperliche Kontakt das Vertrauen des Welpen zur Bezugsperson fördert; und dies drückt sich regelmäßig in größerer Lernfreude und Lockerheit, zumindest aber in unverkrampftem Verhalten aus. Außerdem muß der Welpe im Hause schon früh an alle Umweltgeräusche gewöhnt werden, damit er später im Ring die ungewohnte Geräuschkulisse gelassen erträgt. Schließlich ist er mit der Leine vertraut zu machen, wobei eine leichte Vorführleine gute Dienste leistet. Manche Welpen traben an dieser Leine gleich munter los, andere bocken und toben und müssen sich erst einige Zeit an lockerer Leine bewegen können.

Geduld und Konsequenz sind dann gefordert, um das angestrebte Erziehungsziel zu erreichen, aber auch sehr viel Fingerspitzengefühl, denn einerseits muß der Welpe erkennen können, daß das obere Ende der Leine bestimmt, wo es lang geht, andererseits darf er nicht überfordert werden. Regelmäßige kürzere Übungen sind daher angezeigt. Dank der Gelehrigkeit des Westie werden jedoch sehr bald beachtliche Erfolge sichtbar. Ist dieser Ausbildungsabschnitt erfolgreich abgeschlossen, so steht dem Kennenlernen der außerhäuslichen Umwelt nichts mehr im Wege. An der Leine lernt unser Westie nun, bei Verkehrslärm und durch dichte Menschenansammlungen sich voller Vertrauen in seinen Begleiter auf der Straße zu bewegen. Außerordentlich erleichtert wird die Übung, wenn anfangs ein erfahrener älterer Hund an der Seite des Youngsters mitmacht.

Sehr wichtig ist es, mit dem jungen Westie fortwährend in Sprachkontakt zu bleiben, ihn zu loben, zu ermuntern und ihm das Gefühl zu geben, stets sicher und beschützt zu sein. Gleichzeitig sollte man beobachten, bei welchem Tempo und in welchen Situationen er dazu neigt, sich selbst in bester Haltung zu präsentieren, insbesondere in Gegenwart anderer Hunde, und bei welcher Gelegenheit es ratsam ist, durch einen kurzen, scharfen Ruck an der Leine anzuzeigen, wer darüber entscheidet, was zu tun ist.

Ein gut trainierter Westie, der selbstbewußt Auftritt und gute Ringmanieren zeigt, erleichtert dem Handler (Vorführer) die Arbeit und trägt selbst Entscheidendes zum Gelingen seines Auftritts bei.

Handling

Zum perfekten Trimming und sorgfältigen Training muß noch gekonntes Handling kommen, um einen Westie bestmöglich vorzuführen, was im Idealfall heißt, den Hund so vorzuführen, daß er sich selbst bestmöglich präsentiert. Handling ist also das Vorführen des Hundes im Ring. Professionelle Handler gehören in England zum Ausstellungsalltag, und West Highland White Terrier zählen zu den Rassen, deren Vorführen im Ring so viel Können erfordert, daß sie häufig von Professionals gehandelt werden.

Es ist in der Tat eine Kunst, einen West Highland White Terrier in einer starken Konkurrenz
- ständig in bestem Trimming zu halten
- ihn auf dem Richtertisch und im Stand so aufzubauen, daß seine Vorzüge bestmöglichst zur Geltung kommen,
- ihn in der Bewegung optimal zu „bringen", das heißt, ihn in exakt dem Tempo vorzuführen, in dem er ein freies, möglichst raumgrei-

fendes, kraftvolles Gangwerk in möglichst paralleler Bewegung zeigt,
- ihn fortwährend so zu motivieren, daß er ständig mit Begeisterung bei der Sache ist und so auch durch seine Ausstrahlung, seine „Persönlichkeit", für sich einnimmt.

All dies setzt absolute Vertrautheit mit dem vorzuführenden Hund voraus. Nicht umsonst hat ein führender englischer Handler erklärt: „Wir müssen lernen, die Persönlichkeit unseres Hundes zu erkennen und zu respektieren, dann wird er, wenn er die nötige Klasse hat, vielleicht auch für uns siegen."

Wer, ohne eine Ausbildung zum Handler genossen zu haben, seinen Westie im Ausstellungsring vorführt, und das ist in Deutschland die bei weitem überwiegende Zahl der Aussteller, sollte zumindest eines sicherstellen: daß ihn sein Westie auch in der Rolle des Vorführers respektiert. Praktisch bedeutet das: Derjenige, der den Hund trimmt und trainiert, sollte ihn auch handeln, und nicht etwa derjenige, der sich im häuslichen Kreis vornehmlich auf das Verteilen von Streicheleinheiten beschränkt. Von demjenigen, der ihn getrimmt und trainiert hat, wird ein West Highland White Terrier im Zweifel ohne besondere Probleme akzeptieren, im Ausstellungsring vorgeführt zu werden, beim Zuständigen für die ausschließlich angenehmen Seiten des Hundedaseins akzeptiert er das mit hoher Wahrscheinlichkeit nicht. Perfektes Handling erfordert eine lange Zeit intensiven Lernens. Wer diesen Lernprozeß auf sich nimmt, hat dann vielleicht auch das Vergnügen, mit seinem Westie als Rassebester (BOB: Best of Breed) noch bester Niederläufer und schließlich bester Hund der Ausstellung (BIS: Best in Show) zu werden.

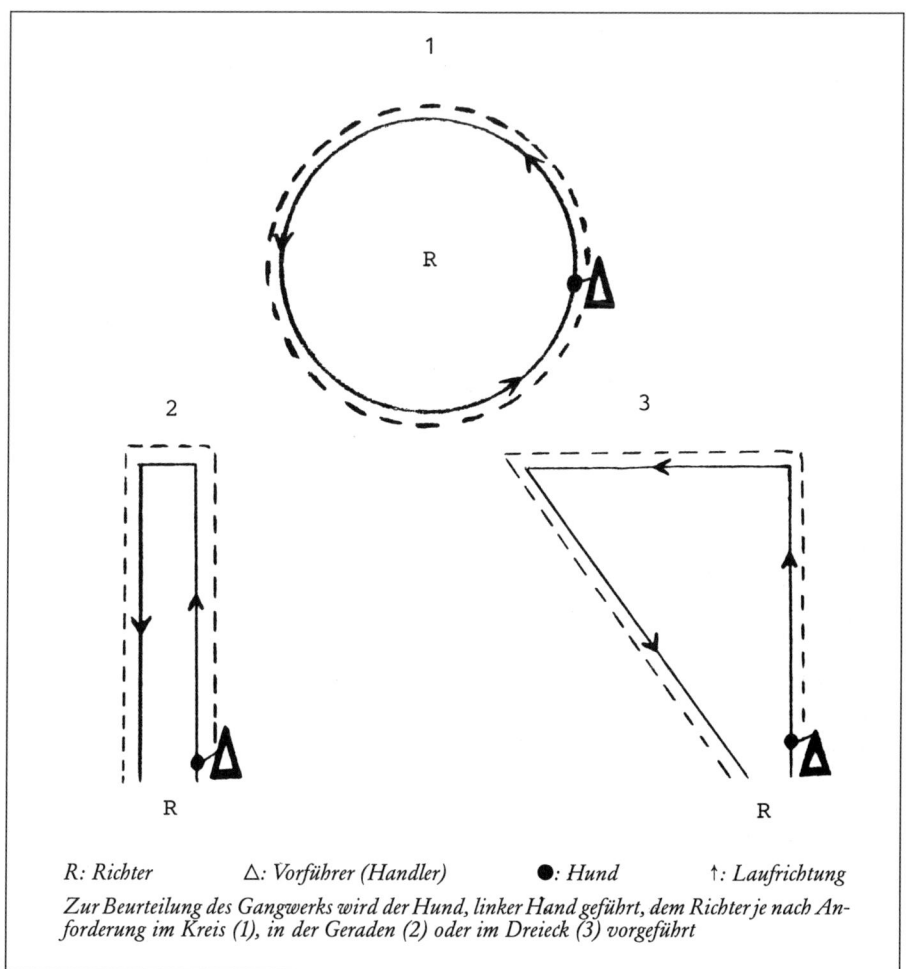

R: Richter   Δ: Vorführer (Handler)   ●: Hund   ↑: Laufrichtung

Zur Beurteilung des Gangwerks wird der Hund, linker Hand geführt, dem Richter je nach Anforderung im Kreis (1), in der Geraden (2) oder im Dreieck (3) vorgeführt

Züchten – ja oder nein?

Die Zucht von West Highland White Terriern erfordert, wie jedes Züchten von Rassehunden, neben viel Zeit und Platz

– ein hohes Maß an Verantwortung für Tiere und Rasse,
– die Beachtung der Zuchtbestimmungen des zuständigen Rassezuchtvereins (KfT),
– solide Kenntnisse der Vererbungslehre und der zuchtrelevanten Bereiche von Tiermedizin und Verhaltensforschung sowie
– die Fähigkeit, diese Kenntnisse auch praktisch umsetzen zu können.

Zuchtverantwortung

Wer aus Verantwortung für die Gesundheit seines Weißen Hochländers glaubt, mit ihm auch einmal züchten zu müssen, kann darauf getrost verzichten: Es ist weder für die Gesundheit noch für die Wesensentwicklung von Rüden oder Hündinnen notwendig oder sinnvoll, sie einmal decken beziehungsweise werfen zu lassen, die meisten dürften bei diesem ersten und einzigen Mal nämlich erst richtig auf den Geschmack kommen. Wer aus anderen Erwägungen züchten und damit die Zahl der West High-

land White Terrier vergrößern will, sollte sich jedoch der tatsächlichen Verantwortung bewußt sein, die er mit dieser Entscheidung übernimmt:

– der Verantwortung für die Zuchthündin, die durch Trächtigkeit, Geburt und Aufzucht der Welpen zumindest keinen Schaden nehmen darf,
– der Verantwortung für die Welpen, die artgerecht aufgezogen und für die gute Hände, möglichst „doggie people" (echte Hundeleute) gefunden werden müssen, und
– der Verantwortung für die Rasse, denn nur wer sich bemüht, aus wirklich guten Zuchthunden eine neue WHWT-Generation zu züchten, die mindestens die Qualität der Elterngeneration, möglichst aber eine höhere aufweist, und damit zu einer stetigen Verbesserung der Rasse insgesamt beiträgt, kann beanspruchen, als Züchter und nicht nur als Vermehrer zu gelten.

Leider werden von sich selbst so genannte Züchter, die sich nach erfolglosem Bemühen um andere Rassen nun dem populär gewordenen West Highland White Terrier zuwenden, um sich hier mit bloßer Vermehrung zu begnügen oder gelegentlich sogar vom verantwortlichen Rassezuchtverein zu verlangen, die Zuchtanforderungen auf ein niedrigeres Niveau zu senken, immer häufiger. Wer nicht bereit ist, im Sinne des Rassestandards schöne, wesensfeste und gesunde West Highland White Terrier zu züchten, sollte anstelle der Hundezucht tunlichst ein anderes Hobby wählen.

Die Zuchtbestimmungen des KfT für West Highland White Terrier

Nur solche West Highland White Terrier, deren Reinrassigkeit durch eine anerkannte Ahnentafel nachgewiesen ist, gelten als Rassehunde. Vom KfT werden nur Weiße Hochländer mit anerkannter Ahnentafel zur Zucht zugelassen.

Darüber hinaus hat der KfT zur Förderung eines hohen Zuchtniveaus, zum Schutze der Zuchthündinnen im Sinne des Tierschutzgesetzes und zur Sicherung der artgerechten Haltung der Hunde Zuchtbestimmungen erlassen, die für den West Highland White Terrier folgendes vorschreiben:

Vor der Zuchtverwendung müssen Rüde und Hündin auf einer vom KfT geschützten Zuchtschau mindestens die Formwertnote „sehr gut" erhalten oder eine Zuchtzu-

lassungsprüfung/Körung bestanden haben. Ab 1996 kann die Zuchtzulassung nur noch durch das Bestehen einer Zuchtzulassungsprüfung erlangt werden.

Hündinnen dürfen vom vollendeten 15. Lebensmonat an bis zum vollendeten 8. Lebensjahr, Rüden vom vollendeten 9. Lebensmonat an ohne obere Altersbegrenzung zur Zucht verwendet werden.

Hat eine Hündin mehr als vier Welpen geworfen und aufgezogen, so unterliegt sie einer Zuchtpause von zwölf Monaten (gerechnet von Decktag zu Decktag); bei nicht mehr als vier Welpen darf sie bei der nächsten Hitze wieder belegt werden, um danach, unabhängig von der Größe dieses Wurfes, ein Jahr Zuchtpause zu erhalten. Demnach darf eine WHWT-Hündin keinesfalls mehr als drei Würfe in zwei Jahren haben. Über den Deckakt muß der Eigentümer des Deckrüden eine KfT-Deckbescheinigung ausstellen.

Die Welpen dürfen frühestens mit acht Wochen abgegeben werden. Zuvor muß ein KfT-Zuchtwart den Wurf zweimal besichtigt und abgenommen sowie die Welpen mit ihrer Zuchtbuchnummer tätowiert haben. Bei der zweiten Wurfabnahme ist der Zuchtwart verpflichtet, einen Wurfmeldeschein mit einem detaillierten Bericht auszufertigen, aufgrund dessen nach

F.C.I.-Weltsiegerausstellung 1984 in Mexico. Ch. Peppermint Florence (V.: Ch. Tasman Fruition, M.: Ch. Eilionorr Lady of Low Rill), Internationaler, Deutscher und VDH-Champion, KfT-Jugendchampion, Klubjugendsieger, Bundesjugendsieger, Jugendsieger Polen, Klubsieger, Bundessieger, Europasieger 1982, 1983 und 1988, errang 1984 auch den Weltsiegertitel und wurde bester Terrier der Weltsiegerausstellung

Bearbeitung durch den Klubzuchtwart vom Zuchtbuchamt des KfT die Ahnentafeln ausgestellt werden. Die Ahnentafel gehört zum Hund.

Neben den normalen Ahnentafeln des KfT gibt es noch

– Auslese-Ahnentafeln, wenn beide Eltern und ein Großelternteil mindestens fünfmal mit der Formwertnote „vorzüglich" beurteilt wurden, und

– Champion-Nachzucht-Ahnentafel, wenn beide Eltern und ein Großelternteil jeweils den Titel „Deutscher Champion (KfT)" führen und

– Körzuchtahnentafeln, wenn beide Eltern angekört sind.

Ein Durchschlag des Wurfmeldescheins und des Zuchtwartberichtes, ohne die keine Ahnentafel ausgestellt werden kann, muß beim Züchter verbleiben. Da dieser Schein auch Angaben über die Aufzucht (zum Beispiel regelmäßiges Entwurmen), Impfungen (Staupe-, Hepatitis-, Leptospirose- und Parvovirusvaccinen) und eventuelle zum Zeitpunkt der zweiten Wurfabnahme feststellbare Fehler der Welpen enthalten sollte, tut ein Welpenkäufer letztlich gut daran, Einsicht in dieses Dokument der Zuchtkontrolle zu nehmen.

Die Zuchtbestimmungen des KfT sind sicherlich geeignet, die Zucht von West Highland White Terriern zu fördern, ohne zu weit in die Eigenverantwortung der Züchter einzugreifen. Was die Zuchtzulassung für Rüden anbetrifft, wären zusätzliche Verschärfungen allerdings vertretbar; diese Feststellung ist im übrigen durchaus mit der Erkenntnis vereinbar, daß die eigentliche Stärke eines Zwingers in seinen Hündinnen besteht. Oder anders – und etwas vereinfachend – ausgedrückt: Die Stärke einer Rasse liegt in ihren Rüden, die Stärke eines Zwingers in seinen Hündinnen.

Schließlich wäre es empfehlenswert, wenn sich ein angehender Züchter neben den speziellen Zuchtbestimmungen des KfT noch mit den Vorschriften der Zuchtordnung des VDH und mit dem „Zuchtrecht von Bern", dem internationalen Zuchtreglement der F.C.I. von 1979, vertraut machte.

Das züchterische Grundwissen

Wer nicht zu den selten gewordenen Menschen zählt, die über gediegene Kenntnisse und praktische Erfahrungen in der Hundezucht verfügen, sollte es als seine selbstverständliche Pflicht ansehen, sich zunächst einmal auf dem Gebiet der Hundezucht gründlich sachkundig zu machen, ehe er Zuchtverantwortung für diese Art von Lebewesen übernimmt.

Unabdingbare Voraussetzung dafür, daß die Zucht von Rassehunden nicht zum Glücksspiel und für die betroffenen Tiere unter Umständen sogar zum lebensgefährlichen Experiment wird, ist nun einmal, daß ein Züchter über solide Grundkenntnisse der Vererbungslehre im allgemeinen und der Vererbungsprobleme bei Hunden im besonderen verfügt, die zuchtrelevanten Bereiche der Tiermedizin hinreichend beherrscht und mit den Eigentümlichkeiten der Verhaltensentwicklung von Hunden, insbesondere ihren Entwicklungsphasen, vertraut ist.

Diese Kenntnisse kann man sich nicht durch die Lektüre weniger Zeilen, sondern nur durch gründliches Erarbeiten der einschlägigen Fachliteratur erwerben. Hans Räbers „Brevier neuzeitlicher Hundezucht" leistet hier vorzügliche Dienste; auch „Die Vererbung des Hundes" von Burns/Fraser sollte

83

Pflichtlektüre sein, wobei anzumerken ist, daß durch zahlreiche neuere Arbeiten über einzelne Körper- und Wesensmerkmale des Hundes und ihre Erbgrundlagen für den engagierten Züchter, der bereit ist, immer wieder dazuzulernen, inzwischen weitere Hilfen verfügbar sind. Als Pflichtlektüre einzustufen ist ebenfalls Eberhard Trumlers „Hunde ernst genommen. Zum Wesen und Verständnis ihres Verhaltens" –, ein Buch, mit dem dieser in manchem sicherlich alles andere als unumstrittene Kynologe durch seine Darstellung der Verhaltensentwicklung des Hundes im Welpen- und Junghundalter Bahnbrechendes geleistet hat.

Praktische Erfahrungen lassen sich in Deutschland nur dadurch sammeln, daß man Gelegenheit erhält, bei einem erfahrenen Züchter unter Umständen helfenderweise zu lernen, denn Möglichkeiten einer praktischen Ausbildung, wie sie in England bestehen, gibt es bei uns im Bereich der Hundezucht leider noch nicht.

Ergänzend zu den grundlegenden Ausführungen der empfohlenen Fachliteratur dürften für die Zucht von West Highland White Terriern indessen noch einige rassespezifische Informationen hilfreich sein:
– In der Bundesrepublik Deutschland stehen inzwischen einige vollzahnige, auch international hoch-

prämierte Deckrüden, die ihre Vererberqualitäten als Väter zahlreicher Champions und Sieger eindrucksvoll nachgewiesen haben. Wer seine Zuchthündin von solchen Rüden decken lassen möchte, sollte dies mit dem Halter des Rüden nach einem eingehenden Beratungsgespräch über die geplante Verbindung rechtzeitig, das heißt möglichst zu Beginn der Hitze, vereinbaren, denn auch der stärkste Deckrüde stößt angesichts der jahreszeitlich gehäuft auftretenden Läufigkeiten an gewisse Grenzen.

– Der Weiße Hochländer ist glücklicherweise noch ein sehr ursprünglicher Hund Hinsichtlich des Sexualzyklus', der Trächtigkeit und des Werfens gibt es daher in der Regel keine besonderen Probleme. Dennoch sollte einigen Fakten besondere Beachtung geschenkt werden:

– Bei manchen Westie-Hündinnen verdickt sich die Scheide zu Beginn der Läufigkeit nur unwesentlich, und auch das „Färben" ist nur schwer feststellbar; hier sollte ein vom Tierarzt vorgenommener Scheidenabstrich Klarheit über den idealen Decktag bringen.

– Gelegentlich kommt es bei offenbar trächtigen Westie-Hündinnen zur Fruchtresorption. In diesem Fall hat die Hündin aufgenommen, und die Föten entwickeln sich zunächst normal. Jedoch kommt es dann in der Regel vom 35. Tag an zu einem Totalausfall des Hormons Progesteron – mit der Folge, daß die Föten sich nicht normal weiterentwickeln, sondern in der Gebärmutter resorbiert und zumeist als schwarzgrüner, schleimiger Ausfluß ausgeschieden werden.

– Selbst junge Westie-Hündinnen machen beim Werfen nicht selten stundenlange Pausen zwischen den einzelnen Welpen, ohne daß dadurch jedoch Geburtskomplikationen aufträten.

– Da geburtsreife Westie-Welpen am Wurftage gelegentlich schon so kräftig sind, daß sie den Geburtskanal nicht mehr passieren können (Geburtsgewichte zwischen 150 und 220 Gramm sind normal, solche zwischen 260 und 300 Gramm durchaus nicht selten!), sollte in jedem Falle ein Tierarzt vom mutmaßlichen Wurftermin informiert sein und spätestens am 65. Tag, gerechnet vom ersten Decktag, auch konsultiert werden, sofern bis dahin die Temperaturkurve normal verlaufen ist. Es ist jedem Züchter dringend anzuraten, sich rechtzeitig nach einem Tierarzt zu erkundigen, der bei Kaiserschnitten in der Lage ist, die Narkose so zu dosieren, daß die Hündin bereits kurz nach vollendeter Operation ihre Welpen versorgen kann.

Wurfgeschwister im Ashgate-Zwinger

– Die durchschnittliche Wurfstärke von West Highland White Terriern liegt bei vier Welpen, am häufigsten fallen Würfe mit vier, drei und fünf Welpen. Während auch Würfe mit einem oder zwei Welpen nicht gerade selten sind, bilden 6er-, 7er- und 8er-Würfe die großen Ausnahmen.

– Die speziellen Wesensmerkmale des West Highland White Terriers erfordern es, daß sich ein Westie-Züchter während der Prägungs- phase (vierte bis siebte Woche) be- sonders intensiv, liebevoll und sachkundig um die Welpen küm- mert. Unterbleibt dies, so besteht die Gefahr, daß ein durch diese Unterlassungssünde fehlerhaft ge- prägter Westie vieles von dem, was üblicherweise seinen Charme im Umgang mit Menschen ausmacht, später nicht entfalten kann, denn Fehler in der Prägungsphase sind in der Regel nicht mehr vollständig reparabel.

Probleme der praktischen Umsetzung

Nun macht leider selbst die perfekteste Beherrschung der notwendigen Theorie noch lange keinen Züchter, der nachhaltig zur Verbesserung der von ihm gezüchteten Rasse beiträgt. Wer dieses Ziel erreichen will, muß auch in der Lage sein, seine Kenntnisse praktisch umzusetzen. Fundamentale Voraussetzung dafür ist ein untrüglicher – und das heißt vor allem: von Selbstbetrug freier – Blick für „den Hund", für das typische, dem Standard möglichst vollkommen entsprechende Rassetier. Wer diesen „Blick für Hunde" hat, kann ihn durch stetige, intensive Arbeit noch schärfen und vervollkommnen, wer ihn nicht hat, wird bald erkennen müssen, daß mit Fleiß und gutem Willen allein, von gelegentlichen Glücksfällen abgesehen, zumindest auf Dauer bestimmte Grenzen unüberwindbar bleiben.

Darüber hinaus braucht selbst der talentierteste Züchter neben der Geduld, beim Zuchtaufbau auf Spitzentiere bestimmter Abstammung notfalls sehr lange warten zu können, auch etwas Glück.

Zur praktischen Umsetzung gehört auch, daß man bei auftretenden Fehlentwicklungen die notwendigen Kurskorrekturen vorzunehmen bereit und fähig ist. Im Hinblick auf den Rassestandard muß ein Züchter der schärfste Kritiker der eigenen Hunde sein und bleiben, wenn er nicht schmerzliche Qualitätseinbrüche erleben will. Für die Zucht darf einfach nur das Beste gut genug sein.

Schließlich tut jeder erfolgreiche Züchter gut daran, engagierte Anfänger und diejenigen unter den weniger Erfolgreichen, die immerhin guten Willens sind, die Rasse zu fördern, mit Rat und Tat zu unterstützen. Dieses Verhalten hebt nicht nur das Zuchtniveau und kommt damit dem Förderer möglicherweise selbst wieder zugute, es ist auch ein Akt sportkameradschaftlichen Verhaltens, dessen positive Reflexe es einem Spitzenzüchter erleichtern, den Neid und die Anfeindungen derer, die es, wie Räber anmerkt, aus eigenem Unvermögen zu nichts gebracht haben, mit einiger Gelassenheit zu ertragen und nicht etwa der Hundezucht angewidert den Rücken zu kehren.

Rasserelevante Krankheiten und deren Vererbung

Angesichts der auch und gerade unter gesundheitlichen Aspekten überaus vernünftigen Vorschriften des Rassestandards und der erfreulichen Langlebigkeit der Rasse besteht zur Sorge um die Robustheit des Weißen Hochländers gewiß kein Anlaß. Dennoch wäre es leichtfertig – und im Hinblick auf die Gesunderhaltung der Rasse unverantwortlich –, wenn nicht sorgfältig auf einige wenige Krankheiten geachtet würde, die auch bei dieser Rasse gelegentlich häufiger auftreten oder gar speziell bei dieser Rasse – wie extrem selten auch immer – aufgetreten sind und für die eine erbliche Disposition nicht auszuschließen ist. Dort, wo die Erblichkeit einer Krankheit als gesichert anzusehen ist, reichen jedoch häufig auch die aktuellen Erkenntnismöglichkeiten – in Ermangelung einer hinreichenden Zahl von brauchbaren Aufzeichnungen – immer noch nicht aus, um mit letzter Sicherheit zu klären, ob es sich um eine rezessive oder eine polygene Vererbung handelt. Außerdem erleichtert es die Problematik nicht eben, daß es bei der polygenen Vererbung Merkmale gibt, die eine kontinuierliche Variation aufweisen, und solche mit umschlagender Merkmalsausprägung, also Merkmale mit Schwellencharakter. Bei der Bedeutung des Einflusses der Umwelt auf diese Merkmale werden hier nur ehrliche, verbesserte Aufzeichnungen der Züchter zu besseren Erkenntnissen und zu verbesserten Bekämpfungsmöglichkeiten führen.

Leistenbruch (Hernia inguinalis)

Von Zwerchfell-, Nabel- und Leistenbrüchen sind alle Hunderassen betroffen. Beim West Highland White Terrier ist, was Leistenbrüche anbetrifft (nach Willis und Karger), ein erhöhtes Risiko nicht zu übersehen. Rüden und Hündinnen sind etwa in gleichem Maße betroffen.

Krankheitsbild: Beim Leistenbruch treten Eingeweideteile durch den Leistenring aus; bei Rüden kann dabei das Bild eines Hodensackbruchs entstehen. Die Größe von Bruchpforte und Bruchsack sowie der Bruchinhalt variieren entsprechend der Schwere des Falles.

Vererbung: die beobachtete Rassedisposition und familiäre Häufungen lassen auf Polygenie schließen, wobei einiges für eine polygen bedingte Merkmalsausprägung mit Schwellencharakter spricht.

Behandlung: Wenn sich die Bruchpforte nicht schließt, sind größere Brüche operativ zu beseitigen. **Zuchthinweis:** Betroffene Tiere sollten nicht zur Zucht verwendet werden.

Craniomandibuläre Osteopathie (CMO) – „Löwenkiefer"

Die CMO ist eine beim Westie sporadisch oder familiär gehäuft auftretende Knochenerkrankung im Bereich des Unterkiefers und des Schläfenbeins.

Krankheitsbild: CMO tritt beim Welpen im Alter zwischen 2 und 8 Monaten auf; sie äußert sich vor allem beim Zahnwechsel durch Schmerzen beim Öffnen des Fangs, Störungen bei der Futteraufnahme (Verweigerung), Berührungsempfindlichkeit am Kopf und gelegentliche Fieberschübe. Durch abnorm schnelle Vermehrung der Knochenzellen des Kiefers und des Schädels kommt es zu einer Verdickung der Knochen, die den Hund um so stärker beeinträchtigt, je stärker die Kiefergelenke betroffen sind. Bei erfolgreicher Behandlung kann der Welpe vom 10. Monat an wieder ein normales Leben führen, denn im Laufe der Zeit werden die überschüssigen Knochenzellen sogar resorbiert.

Vererbung: Die Erblichkeit von CMO ist unbestritten; strittig ist lediglich der Erbgang. In den von Karger zitierten Untersuchungen wird auf eine polygene Merkmalsausprägung abgestellt, wobei alles für eine solche mit Schwellencharakter spricht. Nach Padgett wird CMO durch ein autosomal rezessives Gen verursacht – was der Verfasser für unwahrscheinlich hält.

Behandlung: Schmerzstillende Medikamente, hohe Kalziumgaben und weiche oder Flüssignahrung; bei den sehr seltenen Fällen einer extremen Ausprägung der Erkrankung, die in jedem Falle der Behandlung durch einen erfahrenen Tierarzt (Kleintierpraktiker) bedarf, wird dieser je nach Aussicht auf Heilung im Einzelfalle entscheiden müssen.

Zuchthinweis: Keine Zucht mit an CMO erkrankten Tieren; keine Wiederholung von Verpaarungen, aus denen CMO-Fälle auftraten; Verzicht auf Zuchteinsatz von Tieren, bei denen hochgradige Belastung vermutet werden muß. Sollte sich die These „rezessiver Erbgang" bestätigen, dürften darüber hinaus auch keine als Träger identifizierten Tiere miteinander verpaart werden; außerdem sollten erbgesunde Tiere nicht mit Trägern verpaart werden.

Kniescheiben-Verrenkung (Patella-Luxation)

Die Kniescheibenluxation ist beim West Highland White Terrier insofern zu beachten, als sie bei kleineren Rassen (unter 9 kg) zwölfmal häufiger auftritt als bei großen Rassen. Bemerkenswerterweise tritt dieser Mangel bei Hündinnen 1,5 mal häufiger auf als bei Rüden.

Krankheitsbild: Bei der Kniescheibenverrenkung hat die Kniescheibe ihre Normallage verlassen; in den meisten Fällen ist die Verrenkung nach innen, nur in seltenen Fällen nach außen gerichtet. Sie kann zeitweilig oder wiederholt auftreten und ist daran zu erkennen, daß der Hund von einem Moment auf den anderen seine vorher normal bewegte Hinterhand nachzieht. Da der Hund dabei in der Regel keine Schmerzen verspürt, läßt er den Hinterlauf auch willig abtasten.

Vererbung: Ursprünglich wurde ein einfach autosomal rezessiver Erbgang vermutet, nach Loeffler liegt jedoch ein polygener Erbgang vor.

Behandlung: Üblicherweise reicht eine Einrenkung, bei schweren Fällen ist eine chirurgische Korrektur angezeigt.

Zuchthinweis: Bei starker familiärer Häufung sollte auf die Zucht mit betroffenen Tieren verzichtet werden.

Globoidzellen-Leukodystrophie

Die Globoidzellen-Leukodystrophie ist eine extrem selten auftretende Erkrankung des Nervensystems, die

bei West Highland White und Cairn Terriern sowie Zwergpudeln und Beagles beobachtet wurde. Sie tritt im Alter von 2 bis 7 Monaten auf und endet nach weiteren 2 bis 6 Monaten mit dem Tod.

Krankheitsbild: Durch den Ausfall einer bestimmten Enzymwirkung kommt es zu einer Zerstörung der weißen Substanz des Zentralnervensystems und zu Markscheidenschwund (Demyelisation) an den peripheren Nerven, die sich in folgenden Symptomen äußert: Zittern, starke Abmagerung, Harninkontinenz, Muskelerkrankungen und Verlust der Gliedmaßen-Kontrolle. Eine Frühdiagnose ist durch Elektroenzephalogramm möglich.

Vererbung: Einfach autosomal rezessiver Erbgang, wenn es sich um eine Erbkrankheit handeln sollte.

Hinweis: Es handelt sich um einen populationsgenetisch völlig unbedeutenden Letalfehler. Für den Fall, daß eine familiäre Häufung von Fällen aufträte, wäre ein Zuchtverbot für Merkmalsträger notwendig.

Perthes-Krankheit (Calvé-Perthes oder Legg-Perthes-Krankheit)

Perthes ist eine vornehmlich bei kleinen (niederläufigen) Hunderassen bereits in jugendlichem Alter auftretende degenerative Erkrankung am Hüftgelenk, die häufig mit der

Hüftgelenksdysplasie (HD), die vornehmlich bei großen Rassen auftritt, verwechselt wird. Während bei der HD nicht nur der Gelenkkopf des Oberschenkels, sondern vor allem die Gelenkpfanne das Problem verursacht, rührt Perthes eindeutig vom Gelenkkopf des Oberschenkels her. Während die HD überwiegend zweiseitig auftritt, liegt Perthes nach Willis in 90 % der Fälle nur einseitig vor.

Krankheitsbild: Perthes tritt bei Hunden im Alter von 3 bis 8 Monaten auf und bewirkt eine Nekrose, das heißt, einen örtlichen Gewebetod am Glenkkopf des Oberschenkels, wobei der Femurkopf, unter Umständen bei gleichzeitiger Vergrößerung des Schenkelhalses, stark abflacht. Die Krankheit äußert sich durch eine allmählich oder schlagartig auftretende Lahmheit höchst unterschiedlicher Ausprägung, wobei in extremen Fällen der betroffene Lauf kürzer erscheint, Muskelschwund zeigt und schmerzempfindlich reagiert. Die Diagnose erfolgt durch Röntgen.

Vererbung: Die genetischen Grundlagen der Perthes-Krankheit müssen als noch völlig ungeklärt angesehen werden. Die alte Vermutung, HD und Perthes seien zwei Auswirkungen derselben genetischen Abweichung, ist nach Willis nicht mehr haltbar. Der Hinweis auf ein autosomal rezessives Gen wird in einer 1978 veröffentlichten Studie von den Autoren selbst als „vorläufiger Versuch einer Deutung" relativiert. Karger zitiert ältere Untersuchungen, die auf eine Rassendisposition auf polygener Grundlage hinweisen, wobei eine „familiäre Häufung ... des öfteren, jedoch nicht regelmäßig" festgestellt wird.

Behandlung: Durch operative Entfernung des erkrankten Femurkopfgewebes ist die Wiederherstellung einer uneingeschränkten Bewegungsfähigkeit möglich, da die Muskulatur des Hinterlaufes die betreffende Funktion übernehmen kann.

Zuchthinweis: von der Zucht mit betroffenen Tieren ist abzusehen.

Allergische Erkrankungen (Atopien)

Erblich beeinflußte allergische Reaktionen auf bestimmte Umweltstoffe, die inhaliert, über den Magen-Darm-Trakt oder durch Hautkontakt aufgenommen werden, treten auch bei Hunden immer häufiger auf. Die saisonalen Schwerpunkte der Atopien entsprechen dem jahreszeitlich bedingten Auftreten der nachgewiesenen Allergene von Pollen über Stäube bis hin zu Schimmelpilzen; hinzu kommen Nahrungs- und Arzneimittelallergien. Mehrere Untersuchungen haben bestätigt, daß bei zahlreichen Terrierrassen, darunter auch West Highland White Terriern, ein erhöhtes Risiko besteht.

Krankheitsbild: Bei allergischen Reaktionen auf Pollenantigene treten in aller Regel lokalisierbare Symptome auf: Nesselfieber, Bindehautentzündungen, Heuschnupfen, Heufieber, seltener asthmatische Anfälle, dafür aber um so häufiger örtlicher Juckreiz und saisonale Ekzeme, vorzugsweise in den Sommermonaten bis in den September hinein. Nahrungsmittelallergien können zu jeder Jahreszeit auftreten; hier werden die krankhaften Hautveränderungen häufig von Durchfällen begleitet. In chronischen Fällen kann es zu einer erhöhten Empfänglichkeit für Mykosen (Pilzerkrankungen) kommen; Hauptbesiedlungsorte sind Achselhöhle, Leistengegend, Zehen und Ohren.

Vererbung: Der Erbgang ist höchstwahrscheinlich polygen mit Schwellencharakter.

Behandlung: Symptomatische Behandlung durch erfahrene Tierärzte und systematische Desensibilisierung. Bei Nahrungsmittelallergien hilft meistens schon ein Futterwechsel.

Zuchthinweis: Bei starker familiärer Belastung sollte mit betroffenen Tieren im Zweifel nicht gezüchtet werden.

Ernährung

Der Hund braucht mehr als Fleisch

Leben ist Bewegung. Leben ist Wachstum. Leben ist Stoffwechsel. Damit Lebensvorgänge ablaufen können, muß sich das Lebewesen ernähren. Der Zweck der Ernährung ist es, dem Körper Nährstoffe zuzuführen. Diese dienen der Bewegung, indem sie Energie liefern, dienen dem Wachstum, indem sie die Baustoffe darstellen, dienen dem Stoffwechsel, indem sie verbrauchte Substanzen ersetzen. Nährstoffe befinden sich in der Nahrung. Tiere sind von organischen Stoffen abhängig. Diese gehen sämtlich auf Stoffwechselprodukte der Pflanzen zurück.

Der Hund als Nachfahre des Wolfes steht am Ende der Nahrungskette. Er verwertet nicht die Pflanze selbst, sondern pflanzenfressende Tiere. Die wildlebenden Ahnen unseres Hundes verzehrten ihre

Beute meist vollständig. Von daher geht der Begriff „Fleischfresser" am Kern vorbei. Denn nicht nur Muskelfleisch, sondern ebenso die Knochen, Sehnen, das Fell und natürlich die Innereien samt dem pflanzlichen Inhalts wurden verschlungen. Treffender ist also die Bezeichnung „Beutetierfresser".

– Der Hund steht am Ende der Nahrungskette.
– Der Hund benötigt neben Fleisch auch Fett, Mineralstoffe, Vitamine und pflanzliche Materialien.
– Der Hund ist ein Beutetierfresser.

Das Verdauungssystem spaltet die Nahrung auf

Dem Wolf wie auch seinem Nachfahren Hund sind eine Reihe spezialisierter Organe eigen, mit denen er seine Nahrung beschaffen, zerkleinern und verwerten kann. Die Zähne dienen dem Ergreifen und Zerteilen der Beute. Mit Hilfe des Speichels gleitfähiger gemacht, gelangt die Nahrung durch die sehr dehnbare Speiseröhre in den Magen. Hier erfolgt eine erste Aufspaltung der einzelnen Bestandteile. Dieser Vorgang wird im Dünndarm fortgesetzt. Unverzichtbare Hilfe leisten dabei Verdauungsenzyme, die in der Bauchspeicheldrüse gebildet werden. Ihre Aufgabe ist die biochemische Zerkleinerung der Nährstoffe bis auf

die Grundbausteine. Nur so zerlegt ist die Nahrung letztendlich verwertbar. Die Nährstoffe werden dann von der Darmschleimhaut aufgenommen und mit Hilfe des Blutkreislaufs in jede noch so entlegene Zelle des Körpers transportiert. Dort erst erfüllen sie ihre eigentliche Funktion. Im Muskel beispielsweise wird die biochemische Energie bestimmter Nährstoffe in Bewegungsenergie umgewandelt, im Knochen dienen andere Nährstoffe als Bausteine den Wachstumsvorgängen. Unverwertbare Bestandteile der Nahrung gelangen in den Dickdarm und werden wieder ausgeschieden.

– Die Nahrung muß aufgespalten werden, um verwertbar zu sein.
– Die Aufspaltung erfolgt hauptsächlich im Darm.
– Die Nährstoffe werden mit dem Blutkreislauf aus dem Darm in alle Körperzellen transportiert.

Hohe Energieausbeute nur bei hochverdaulicher Nahrung

Ob unser Westie läuft, springt, mit dem Schwanz wedelt oder vielleicht nur daliegt und Herrchen oder Frauchen beim Lesen zuschaut – jeder dieser Vorgänge braucht Energie, sie ist die treibende Kraft aller Lebensvorgänge. Unser Hund bezieht sie aus seinem Futter. In biochemischer Form gespeichert, gelangt Energie in den Körper und wird dort in die unterschiedlichsten Lebensäußerungen umgewandelt. Bei diesen Umwandlungsprozessen gibt es Verluste. Über Kot und Harn werden Stoffe ausgeschieden, die noch Energie speichern. Auch Wärmeverluste schmälern die Energieausbeute für den Organismus. Dennoch hat das Energieumwandlungssystem „Hund" einen höheren Wirkungsgrad als jedes vom Menschen ersonnene. Eines liegt jedoch auf der Hand: Je höher die Verdaulichkeit der Nahrung ist, desto geringer sind die Energieverluste für den Hund.

– Ohne Energie gibt es kein Leben.
– Die Energie ist in der Nahrung.
– Je höher die Nahrung verdaulich ist, desto besser wird sie verwertet.

Eiweiße sind Baustoff, Energieträger und Wirkstoff zugleich

Jeder Hund benötigt über fünfzig verschiedene Nährstoffe, und zwar Tag für Tag, ein Leben lang. Man kann diese der besseren Übersichtlichkeit halber in Hauptnährstoffgruppen zusammenfassen. Eine wesentliche dieser Gruppen wird von

den Eiweißen oder Proteinen gebildet. Sie stellen wichtige Körperbausteine dar. Nur eine einzige Körpersubstanz überhaupt enthält keine Eiweiße als Baustein, und das ist der Zahnschmelz. Alle anderen Gewebe, ob nun Muskel, Nerven, Haut oder innere Organe, bestehen in irgendeiner Form aus Eiweißen. Sogar der Knochen enthält nicht nur Mineralstoffe, sondern eben auch Gerüstproteine. Darüberhinaus werden wichtige Wirkstoffe wie Enzyme und Hormone durch Eiweiße aufgebaut. Außerdem sind Eiweiße eine Energiequelle für Hunde. Die Energieausbeute beim Abbau der Eiweiße ist jedoch nicht besonders hoch. In dieser Hinsicht ist die Nutzung von Fetten effizienter. Fette sind die für den Hund günstigste Energiequelle. Die Ausbeute bei ihrem biochemischen Abbau ist um etwa ein Drittel höher als bei Eiweißen. Fette sind jedoch nicht nur Energielieferant, so stellen sie auch wichtige Bausteine für Zellmembranen dar und sind unverzichtbarer Bestandteil von bestimmten Hormonen und Vitaminen. Kohlenhydrate kommen in der Natur in großen Mengen in Pflanzen vor. Das Verdauungssystem des Hundes kann diese nur in erhitzter Form spalten. Dann stellen einige Kohlenhydrate jedoch gute Energielieferanten dar. Weiterhin dienen Kohlenhydrate als Ballaststoffe. In dieser Funktion regen sie die Darmbewegung an und sind so für die Passage der Nahrung durch den Darm unerläßlich. Ebenso wichtige, jedoch grundsätzlich andere Aufgaben erfüllen die Mineralstoffe. Die bekanntesten unter ihnen, Kalzium und Phosphor, bilden die Hauptbestandteile der Knochen. Sie fungieren also als Baustoff. Andere Mineralstoffe werden im Stoffwechsel von Substanzen benötigt, welche Steuer- und Regelungsmechanismen bedienen. So gibt es eine Reihe von Enzymen und Hormonen, die ohne die Anwesenheit bestimmter Mineralstoffe wirkungslos blieben. Weiterhin laufen so wichtige Vorgänge wie Blutgerinnung, Muskelkontraktionen oder die Erregungsleitung in Nerven nur ab, wenn die dazugehörigen Mineralstoffe dem Körper über die Nahrung zugeführt werden. Die Gruppe der Mineralstoffe kann man noch einmal unterteilen in Mengenelemente (von diesen wird ein bedeutendes Quantum täglich benötigt) und Spurenelemente (hiervon reichen oft schon ganz geringe Mengen im Mikrogrammbereich aus). Schließlich müssen noch die Vitamine in der Nahrung sein, von denen es fettlösliche und wasserlösliche gibt. Vitamine haben lebenswichtige Steuerfunktionen, dienen dem Sehvermögen, der Krankheitsabwehr oder dem Energiestoffwechsel.

– Eiweiße sind Baustoff, Energieträger und Wirkstoff zugleich.
– Fette sind die günstigste Energiequelle.
– Mineralstoffe bauen das Skelett auf und steuern lebenswichtige Vorgänge im Stoffwechsel
– Vitamine regeln unverzichtbare Lebensprozesse.

Wachsende Hunde benötigen spezielle Nahrung

Die moderne Tiermedizin hat die Besonderheiten des Hundestoffwechsels genau untersucht. So besteht heute die Möglichkeit, nicht allein den Energiebedarf eines heranwachsenden Hundes genau anzugeben, sondern auch seinen Bedarf an Kohlenhydraten, Eiweißen und Fetten sowie Mineralstoffen und Vitaminen. Dies ist entscheidend, wenn man das Ziel hat, durch eine artgerechte Bilanzierung von Nahrungsbestandteilen eine gesunde Hundeentwicklung zu fördern.

Ein gutes Beispiel dafür ist der Bewegungsapparat. Mit Hilfe von Messungen der Wachstumsgeschwindigkeit der Knochen, Röntgenaufnahmen des Bewegungsapparates, Bestimmungen der Knochendichte, Vergleich von vielen hundert gesund aufgewachsenen Hunden und weiteren Untersuchungsverfahren ist der Bedarf an Kalzium und Phosphor genau festgestellt worden.

Aufgrund dieser Zahlen sind wissenschaftlich exakte Empfehlungen für die Versorgung mit diesen Mengenelementen möglich – und zwar jeden Monat im Leben eines wachsenden Hundes.

Wegen des hohen Bedarfs der Welpen an knochenaufbauenden Mineralstoffen liegt der Kalzium- und Phosphorbedarf in den ersten beiden Lebensmonaten rund viermal höher als beim erwachsenen Hund. Mit zunehmender Mineralisierung der Knochen nimmt er im Laufe des Wachstums stetig ab.

Um ein gleichmäßiges Knochenwachstum und eine gesunde Skelettentwicklung zu erreichen, kann die Versorgung mit Kalzium und Phosphor eigentlich nur durch eine ausgewogene, altersangepaßte Vollnahrung problemlos gewährleistet werden.

Eine Selbstherstellung von Hundenahrung ist wegen der möglichen Unter- oder Überversorgung mit lebenswichtigen Nährstoffen insbesondere bei Welpen sehr kritisch. So ist in „Eigenmischungen" daheim am Küchentisch das Kalzium/Phosphor-Verhältnis meist nicht korrekt ausbilanziert.

Die Wachstumsrate junger Hunde und die Unterschiede zwischen einzelnen Hunden werden übrigens nicht allein durch Erbanlagen bestimmt. Auch äußere Faktoren wie Ernährung, Klima oder Krankheiten sind wichtig. Eine optimale Gestaltung der äußeren Einflußfaktoren kann das Wachstum im positiven Sinne beeinflussen – also eine artgerechte, angemessene Ernährung, gute Haltungsbedingungen und eine vernünftige Krankheitsverhütung, zum Beispiel durch Impfungen. Da es bei jedem Hund Unterschiede der äußeren Bedingungen gibt, variiert die Gewichtsentwicklung von Individuum zu Individuum ein wenig. Das bedeutet, daß es immer Abweichungen des altersentsprechenden Körpergewichtes von den wissenschaftlich ermittelten Durchschnittswerten gibt. Diese Unterschiede sind aber nicht nur von wissenschaftlichem Wert. In der Praxis ergeben sich aus den natürlichen Differenzen bei der Wachstumsgeschwindigkeit Unterschiede beim Bedarf der wachsenden Hunde an Energie, Eiweißen und insbesondere auch Mineralstoffen. Dies muß bei der Ernährung von Welpen und Junghunden bedacht und einkalkuliert werden.

Das Verdauungssystem und der Stoffwechsel von Welpen weisen eine Reihe von Besonderheiten auf. Der Magen ist noch relativ klein, so daß nur eine begrenzte Menge Nahrung aufgenommen werden kann. Diese eingeschränkte Speicherfunktion des Magens macht eine häufige Nahrungsaufnahme notwendig.

Einige Körpergewebe beziehungsweise Organsysteme sind während der ersten Lebensmonate ganz besonders auf eine richtig zusammengesetzte Nahrung angewiesen, um sich so entwickeln zu können, wie es die Natur vorgesehen hat. Hierzu gehören Bewegungsapparat, Abwehrsystem, Fortpflanzungssystem, Haut und Fell sowie Lunge und Atemwege. Anders als das Herz-Kreislauf-System des jungen Hundes, das sich schon im Mutterleib fast vollständig entwickelt hat, reift beispielsweise der Bewegungsapparat erst später aus. So sind nach der Geburt zwar sämtliche Knochen beim Welpen angelegt und vorhanden, bestehen aber überwiegend noch aus Knorpel, also einem Gewebetyp, der zwar sehr elastisch ist, jedoch nur eine geringe Festigkeit hat. Dieses bindegewebige Gerüst wandelt der Organismus nach und nach zum tragfähigen Knochen um, indem er Mineralstoffe – vor allem Kalzium und Phosphor – einlagert. So entwickelt der Junghund im Laufe vieler Monate die biologisch notwendige Festigkeit seiner Knochen. Solange bleibt den noch nicht voll mineralisierten Knochen die Möglichkeit, weiter zu wachsen. Erst gegen Ende der Wachstumsperiode des Hundes verschließen sich die Wachstumsfugen der Knochen, die bis dahin ein Längenwachstum ermöglicht haben. Im gesamten Zeitraum der Knochenbildung muß also die Zusammensetzung der Nahrung optimal auf die Bedürfnisse des Knochenwachstums eingestellt sein.

Junge Hunde haben keinen Schutzmechanismus vor überhöhter Kalziumzufuhr mit der Nahrung wie erwachsene Tiere.

Unter dem Einfluß von Hormonen wird ein eventueller Kalziumüberschuß überwiegend in den Knochen eingelagert, was im Endeffekt zu einer gesteigerten und gleichzeitig gestörten Verknöcherung führt. Die daraus resultierenden Skelettdeformierungen und Be-

wegungseinschränkungen sind im späteren Lebensalter nicht wiedergutzumachen. Die Empfehlung, Junghunden eine Kalziumergänzung – selbst bei Verwendung einer vollständigen und richtig bilanzierten Vollnahrung – zukommen zu lassen, ist wissenschaftlich nicht haltbar. Wegen der möglichen Gefahren ist die Gabe von kalziumreichen Nahrungsadditiven deswegen zu vermeiden.

– Wachsende Hunde haben einen höheren Energiebedarf.
– Das heranwachsende Skelett braucht mehr als doppelt so viele Mineralstoffe.

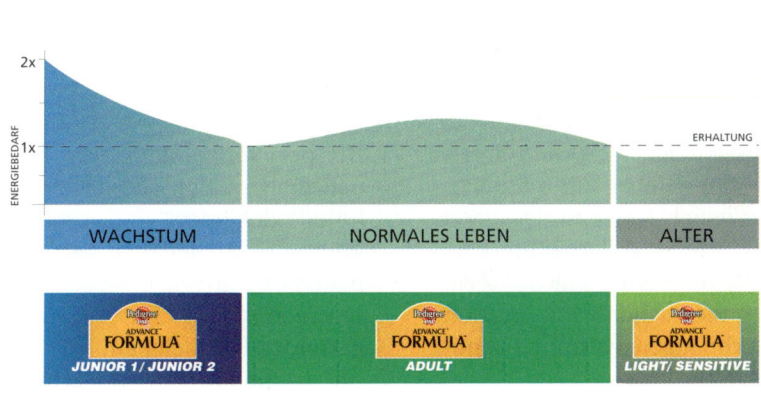

– Spezielle Welpennahrung deckt alle Bedürfnisse ab.

Fertignahrung ist hochwertig, sicher und bequem

Wie wir gesehen haben, benötigen Hunde sehr viele verschiedene Nährstoffe. Diese müssen nicht nur in der optimalen Menge, sondern auch im richtigen Verhältnis zueinander in der Nahrung sein. Hinzu kommen besondere Lebenssituationen wie Wachstum, Phasen hoher körperlicher Belastung, Trächtigkeit oder Alter. Jede dieser Situationen bringt veränderte Nährstoffansprüche mit sich. Verdaulichkeit und Schmackhaftigkeit des Futters sollen auch gewährleistet sein, damit der Hund den Napf leert. Wollten wir unserem Hund selbst die tägliche Nahrung bereiten, hätten wir das alles zu beachten. Wir müßten den Gehalt der Ausgangsmaterialien an Eiweißen, Fetten, Mineralstoffen und Vitaminen genau kennen. Wer jedoch mißt die Menge essentieller Aminosäuren oder den Vitamingehalt eines Stückes Fleisch? Wieviel Kalzium ist denn nun in der Messerspitze Futterkalk enthalten? Und was ist mit der Zeit, die wir für die tägliche Futterration unseres vierbeinigen Freundes benötigen würden?

Am sichersten ist die Verwendung qualitativ hochwertiger Fertignahrung, wie sie von verant-wortungsbewußten, erfolgreichen Züchtern empfohlen wird. Alle Nährstoffe sind in richtiger Menge und optimalem Verhältnis enthalten. Man kann genau portionieren, die Fütterung ist sauber, schnell und bequem. Das deutsche Futtermittelrecht regelt die Zusammensetzung streng und genau. Es dürfen nur einwandfreie Rohmaterialien von gesunden Tieren und Pflanzen verwendet werden. Fertignahrung ist also der beste und sicherste Weg, unseren Hund richtig und gesund zu ernähren. Und schmecken wird es ihm ganz gewiß.

– Futterselbstzubereitung ist kompliziert, zeitraubend und erfordert Spezialkenntnisse.

– Fertignahrung ist sicher, hat hohe Qualität und erfüllt alle Nährstoffansprüche des Hundes.

Wichtige Tips zur Fütterung Ihres Hundes

1. Bei der Verwendung von Fertignahrungsmitteln, die als „Alleinfutter" deklariert sind, erhält Ihr Hund alle lebensnotwendigen Nährstoffe in ausgewogener Zusammensetzung für ein langes, gesundes Hundeleben.

2. Ein Welpe braucht zu Beginn seines Lebens etwa doppelt so viele Nährstoffe und Energie wie ein ausgewachsener Hund, deshalb

füttern Sie in der Wachstumsphase ein Fertigfutter, welches für wachsende Hunde bestimmt ist.

3. Verwenden Sie als Milchersatz für Saugwelpen nur spezielle Welpenmilchprodukte, Kuhmilch ist auf keinen Fall zu empfehlen, da sie nicht eiweiß- und fettreich genug ist und zu Durchfällen führen kann.

4. Achten Sie darauf, Futterumstellungen langsam und schrittweise über 5 Tage durchzuführen, so daß sich der Verdauungstrakt des Hundes an die neue Nahrung gewöhnen kann.

5. Füttern Sie stets zur gleichen Zeit und möglichst am gleichen Ort, weder zu heiß noch zu kalt (nicht direkt aus dem Kühlschrank).

6. Bieten Sie ihrem Hund nur die Futtermenge an, die er auch auffrißt, keine Futterreste stehen lassen.

7. Frisches Wasser zum Trinken sollte Ihr Hund stets zur Verfügung haben.

8. Füttern Sie Fleisch bitte nur im abgekochten Zustand, bei der Fütterung von rohem Fleisch besteht Infektionsgefahr.

9. Bei der Verwendung eines hochwertigen Fertigfutters brauchen Sie keinerlei Zusatzstoffe oder Ergänzungsfuttermittel zusätzlich zu füttern.

10. Bei älteren Hunden ist die Futtermenge in 2–3 Mahlzeiten aufzuteilen. Die verwendeten Eiweiße müssen hochwertig und hochverdaulich sein.

Gesundheit

Vorbeugen ist besser als Heilen

Artgerechte Haltung, Pflege und Ernährung sind Voraussetzungen für die Gesundheit. Das seelische Wohlbefinden des Hundes ist so wichtig wie das körperliche. Der gesunde Hund nimmt aufmerksam und lebhaft Anteil an seiner Umgebung. Er ist kräftig und ausdauernd. In der Ruhe atmet er 10- bis 20mal, das Herz schlägt 70- bis 100mal in der Minute. Die Körpertemperatur liegt

um 38,5 °C. Gesundheit ist nicht nur „Freisein von Krankheiten", sie schließt auch Widerstandskraft gegen Infektionen ein.

Das Haarkleid schützt nicht nur gegen Wind und Wetter. Das kräftige, harte, glatt anliegende Deckhaar ist auch Zeichen von Gesundheit. Darunter wärmt ein Pelz aus dichter, weicher Unterwolle. Der Westie sollte täglich mit einer Spezialbürste gestriegelt und anschließend mit einem Metallkamm mit abgerundeten Zinken gekämmt werden.

Besonders wichtig ist das Bürsten während des Haarwechsels. Dann geht auch die Unterwolle manchmal in dichten Büscheln aus. Durch Baden kann der schützende Säuremantel der Haut zerstört und das Haar entfettet werden. Der Westie wird deswegen nur ausnahmsweise gebadet, zum Beispiel wenn er sich nach Hundeart in Aas oder Kot gewälzt hat. Dann wird er lauwarm geduscht und mit Hundeshampoo oder milden Haarwaschmitteln, nie jedoch mit Seife oder Spülmittel gewaschen. Nach gründlichem Ausspülen wird das Fell trockengerieben. An einem warmen, zugfreien Ort muß das Fell trocknen, ehe der

Hund wieder hinaus darf. Stumpfes Haar, ständiger Haarausfall und starker Geruch deuten auf innere Erkrankungen hin. Die Haut soll frei von Schuppen und Rötungen sein, kein Juckreiz soll den Hund plagen.

Flöhe, Läuse und Haarlinge kann auch der gepflegteste Hund von einer Hundebegegnung mitbringen. Bei Juckreiz wird als erstes die Haut auf Flohstiche – bis zu linsengroße, geschwollene Rötungen – und das Fell auf Parasitenkot – kleine schwarze Pünktchen – abgesucht. Lieblingssitze der ungebetenen Gäste sind die Innenflächen der Hinterbeine, die „Achselhöhlen" und die Ohrmuscheln. Bei leichtem Befall genügt ein Flohpuder oder -spray. Wirksamer sind Waschlösungen, die das Fell bis auf die Haut benetzen, oder verschreibungspflichtige Mittel, die auf die Haut getropft werden und bis zu vier Wochen wirken. Das Ablecken solcher Mittel muß aber unbedingt verhindert werden. „Anti-Floh-Halsbänder" geben bis zu vier Monaten gas- oder puderförmige Wirkstoffe ab. In engen Räumen können bei einigen Halsbändern Giftgaskonzentrationen auftreten, die auch für den Hund bedenklich sind. Manche Halsbänder verlieren zudem durch Nässe an Wirksamkeit. Bei Flohbefall muß immer das Lager des Hundes mitbehandelt werden.

Moderne Spezialmittel töten dabei nicht nur „erwachsene" Flöhe, sondern stoppen auch die weitere Entwicklung der Flohlarven. Hundedecken werden am besten ausgekocht, Teppiche regelmäßig gesaugt.

Zecken breiten sich seit einigen Jahren im gesamten mitteleuropäischen Raum verstärkt aus und bilden eine deutlich zunehmende Gefahr. Sie lassen sich aus dem Gebüsch auf den Hund fallen, beißen sich in der Haut fest und saugen sich mit Blut voll. Sie sehen dann wie prallgefüllte graubraune bis zu kirschkerngroße Säckchen aus. Je länger sie saugen, desto größer ist in bestimmten verseuchten Gegenden die Gefahr, daß eine für Hunde gefährliche Infektionskrankheit, die Borreliose, übertragen wird. Deshalb sollten Zecken so rasch wie möglich entfernt werden. Sie dürfen aber nicht einfach ausgerissen werden, weil dabei die Beißwerkzeuge in der Haut steckenbleiben und Entzündungen verursachen können. Am besten erfaßt man die Zecke mit einer Spezialpinzette und hebelt sie drehend aus der Haut heraus. Man kann sie aber auch mit Alkohol, „Desinsektspray" oder in Öl eingehüllt betäuben und dann herausdrehen, sofern sie nicht innerhalb einer halben Stunde abgefallen ist. Inzwischen gibt es, allerdings nur beim Tierarzt, ein Anti-Zecken- und -Flohhalsband, das den Befall mit Zecken

weitgehend und das Blutsaugen sicher verhindert.

Die Ohren sollten alle vier Wochen gereinigt werden. Mit Wattestäbchen kann man das Trommelfell zwar kaum verletzen, das Ohrenschmalz aber in der Tiefe zusammenstopfen. Besser ist ein alkoholischer Ohrreiniger, der randvoll ins Ohr eingegossen und bei zugedrückter Ohrmuschel durchmassiert wird. Das gelöste Ohrenschmalz kann der Hund dann selbst ausschütteln, vorzugsweise im Freien. Dunkle, übelriechende Beläge im Ohr zeigen eine Entzündung an. Meist wird sich der Hund dann auch am Ohr oder – scheinbar – am Halsband kratzen und den Kopf schütteln. Ursache des „Ohrenzwanges" können Ohrenmilben, Grasgrannen oder andere Fremdkörper sowie Bakterien

und Pilze sein. Wenn zwei- bis dreimalige gründliche Reinigung mit dem Ohrreiniger keine Besserung bringt, ist eine gezielte Behandlung erforderlich.

Die Augen werden mit einem Stückchen Mullbinde oder einem Taschentuch vom „Schlaf" gereinigt. Fusseln von Watte oder Papiertaschentüchern reizen die Schleimhäute. Bindehautentzündungen können auch durch Zugluft, Staub oder starke Sonne verursacht werden. Zur Linderung werden Augentropfen in den heruntergezogenen Bindehautsack geträufelt. Borwasser wird heute nicht mehr verwendet, weil feine Kristalle als Fremdkörper wirken können. Länger andauernder wäßriger, schleimiger oder eitriger Augenausfluß sollte nicht mit Hausmitteln kuriert werden. Es könnte eine Infektion vorliegen. Wucherungen auf der Rückseite der Nickhaut müssen meist operativ behandelt werden.

Die Zähne werden durch Hundekuchen oder Knochen ausreichend gereinigt. Auch die Tortur des Zähneputzens kann Zahnstein kaum verhindern. Zur Entfernung weicher Beläge eignet sich am ehesten ein Wattebausch, getränkt mit dreiprozentiger Wasserstoffsuperoxydlösung. Zahnstein ist ein fest anhaftender brauner Belag aus verhärteten Salzen. Fauliger Mundgeruch durch Zahnfleischentzündungen und -vereiterungen sowie Zahnausfall sind die Folgen. Zahnstein sollte frühzeitig

fachkundig entfernt werden. Lose Zähne müssen gezogen werden. Da der Hund keine Beute jagen, festhalten oder zerreißen muß, kann er auf schmerzende Zähne gut verzichten. Nach Entfernung der Eiterherde wird er sich auch allgemein wohler fühlen, denn sie können den Körper vergiften und zum Beispiel chronische Herzklappenentzündungen auslösen.

Die Analbeutel sollen eigentlich bei jedem Kotabsatz eine individuelle Duftmarke zur Revierkennzeichnung hinterlassen. Infolge der Domestikation funktioniert die Entleerung häufig nicht richtig. Sekretstauungen sind die Folge; den Juckreiz versucht der

Wir sind und bleiben unzertrennlich!

Hund vergeblich durch Rutschen auf dem After zu beseitigen. Dieses „Schlittenfahren" ist entgegen landläufiger Vermutung fast nie auf Wurmbefall zurückzuführen. Stark gefüllte Analbeutel müssen fachkundig ausgedrückt, vereiterte müssen tierärztlich behandelt werden.

Die Krallen werden nur bei regelmäßigem Auslauf auf hartem Untergrund ausreichend abgelaufen. Um Stellungsfehler und sonstige Veränderungen der Pfoten zu vermeiden, sollten die Krallen regelmäßig kontrolliert und bei Bedarf geschnitten werden. Dabei soll die in der Kralle verlaufende Ader nicht verletzt werden. „Wolfskrallen", Überbleibsel der an sich verkümmerten fünften Zehe an Vorder- und Hinterläufen, können bei Verletzungen stark bluten. Sie sollten vorsorglich amputiert werden. Das geschieht üblicherweise schon bei neugeborenen Welpen.

Erste Hilfe tut not

Hautverletzungen müssen genau inspiziert werden. Oberflächliche Abschürfungen und Schrunden können mit Hausmitteln behandelt werden. Auf jeden Fall werden im Bereich der Verletzungen die Haare mit einer gebogenen Schere kurz abgeschnitten. Sie verkleben sonst mit dem Wundsekret; Vereiterung ist die Folge. Die Wunde wird mit Wundgel, -spray oder -tinktur behandelt. Fetthaltige Salben behindern den heilungsfördernden Luftzutritt, Puder verkrustet. Bei tieferen Wunden mit Durchtrennung der Haut sollte umgehend ein Tierarzt hinzugezogen werden. Bei Beißereien und Stacheldrahtverletzungen wird die Haut oft vom Körper losgerissen, so daß tiefe Taschen zu versorgen sind. Von Fall zu Fall ist zu prüfen, ob eine „offene Wundbehandlung" oder eine Naht besser ist. Nur frische Wunden können mit Aussicht auf komplikationslose Heilung genäht werden. Eine offene, aus der Tiefe nässende oder eiternde Wunde darf der Hund belecken. In allen anderen Fällen wird die Wundheilung behindert, weil die zarten Heilungszellen am Wundrand gestört werden. Das Belecken von Wunden und das Abreißen von Verbänden können durch einen Halskragen verhindert werden. Aus einem passenden Kunststoffeimer wird der Boden herausgeschnitten. Die Schnittkanten werden abgepolstert, an vier Stellen durchlöchert und mit Bindfäden versehen, die am Lederhalsband festgebunden werden.

Wundstarrkrampf ist beim Hund selten. Impfungen sind daher nicht üblich. Zur Vorbeugung sollen Wunden ausbluten und nicht luftdicht abgedeckt werden. Wenn größere Adern verletzt sind, kommt es zu andauernden, starken Blutungen. Häufig tritt

Blut im Strahl aus. Dann muß zur Ersten Hilfe ein Druckverband angelegt werden. An ungünstigen Körperstellen wie am Kopf kann auch von Hand eine Kompresse aufgedrückt werden. Gliedmaßen können abgebunden werden, die Abbindung muß aber viertelstündlich kurz gelöst werden. In solchen Fällen ist stets umgehend tierärztliche Hilfe erforderlich.

Unfälle können auch zu inneren Verletzungen und Gehirnerschütterun-

Ch. Peppermint Miss Marple

gen führen. Bei Bewußtseinstrübungen soll nie Flüssigkeit eingeflößt werden. Die Maulschleimhaut kann aber mit Kaffee, Tee oder auch einfach mit Wasser befeuchtet werden. Der Hund wird vorsichtig getragen oder seitlich mit tiefliegendem Kopf und herausgezogener Zunge auf einer Decke gelagert, die, von zwei Personen an den Ecken strammgezogen, auch als „Tragbahre" dient. Am Unfallort sind meistens die Diagnose und vor allem eine wirksame Schockbehandlung erschwert. Telefonisch sollte zur Vermeidung unnötiger Wege und Zeiten ein dienstbereiter Tierarzt verständigt und umgehend aufgesucht werden.

Lahmheiten können viele Ursachen haben. Als erstes wird die Pfote untersucht. Dornen oder Splitter werden ausgezogen. Verfilzte Haare drücken zwischen den Ballen wie ein Stein im Schuh; sie werden daher vorsichtig ausgeschnitten. Wunde Stellen werden wie Hautverletzungen behandelt. Im Winter müssen Streusalzreste von den Pfoten abgewaschen werden. Bei Krallenbettentzündungen können warme Kamillen- oder Seifenbäder Linderung bringen. Lose Krallenteile werden an der Bruchstelle beherzt abgeschnitten. In vielen Fällen ist ein Verband erforderlich. Er muß fachkundig angelegt werden, um Druckstellen zu vermeiden.

Bei Schwellungen, Prellungen und Verstauchungen kann das Fell des betroffenen Körperteils mehrmals täglich mit kaltem Wasser durchnäßt werden. Das wirkt wie ein Kühlverband, lindert den Schmerz und hemmt – frühzeitig angewendet – weitere Schwellungen. Wenn ein Bein überhaupt nicht belastet wird, besteht Verdacht auf Knochenbruch. Bei stark abnormer Beweglichkeit können die Gliedmaße durch eine Notschiene ruhiggestellt werden.

Andauernde, wiederkehrende oder sich verschlimmernde Bewegungsstörungen sind stets ein Fall für den Tierarzt. Das Humpeln auf einem Hinterbein wird nicht selten durch eine Ausrenkung der Kniescheibe oder durch Riß von Bändern bedingt, die operativ fixiert werden müssen.

Vergiftungen sind meist „Unglücksfälle" und nur selten böse Absicht. Rattengift kann bei unsachgemäßem Auslegen direkt, aber auch mit vergifteten Nagetieren aufgenommen werden. Meist handelt es sich um Cumarinpräparate, die zu inneren Blutungen führen. Vorsicht ist auch bei Schädlings- und Unkrautbekämpfungs- sowie bei Frostschutzmitteln geboten. Hochgiftige Thallium-, Zinkphosphid- und Arsenzubereitungen, Blausäure und Strychnin sind heute gottlob kaum noch erhältlich.

Die besten Überlebenschancen bestehen, wenn man „nach frischerTat" das Gift wieder aus dem Magen herausbefördern kann. Der Tierarzt kann Erbrechen durch eine Spritze auslösen, der Laie durch Eingeben von zwei bis drei Teelöffeln Salz. Nach dem Erbrechen kann eine Aufschwemmung von etwa zehn Kohlekompretten eingeflößt werden. Milch wird nicht gegeben, weil verschiedene Gifte fettlöslich sind. Etwa vorhandene Hinweise auf die Art des Giftes ermöglichen eine rechtzeitige, gezielte tierärztliche Behandlung. Ungewisser sind die Aussichten, wenn Vergiftungsfolgen wie Krämpfe, Mattigkeit oder Brechdurchfall schon eingetreten sind, die Ursache aber nur vermutet werden kann. Eine genaue Diagnose ist oft erst durch Spätschäden wie Blutungen oder Haarausfall möglich. Dann kann es für eine Rettung bereits zu spät sein.

Durchfall ohne Fieber bessert sich häufig nach einem Fastentag: Der Hund erhält ausschließlich stark verdünnten Tee mit einer Prise Salz, aber ohne Zucker. Zur Geschmacksverbesserung ist Süßstoff erlaubt. Zusätzlich ist es nie verkehrt, eine Aufschwemmung von Kohlekompretten einzugeben. Keinesfalls darf Durchfall mit Wasserentzug „behandelt" werden; der Körper würde zu stark austrocknen. Am zweiten Tag erhält der Hund in kleinen Portionen ein Diätfutter, zum Beispiel Beefsteakhack, Schmelzflocken und rohen geriebenen Apfel. Am dritten Tag muß der Kot zumindest wieder dickbreiig sein.

Verstopfungen lassen sich oft durch rohe Leber oder Milz oder einige Teelöffel süßer Dosenmilch beheben. Bei krampfhaft vergeblichem Drängen kann ein Mikroklistier Erfolg bringen. Bei einer Verhärtung von Knochenteilen im Enddarm hilft allerdings meist nur ein fachgerechter Einlauf.

Erbrechen ist keine selbständige Krankheit. Einmaliges Erbrechen kann durch zu hastiges Fressen, zu kaltes Futter oder Aufnahme von Fremdkörpern ausgelöst werden. Gelegentliches Erbrechen ist beim Hund ohne große Bedeutung. Um zu erbrechen frißt der Hund häufig Gras. Geschieht das regelmäßig oder wird ständig das Futter erbrochen, muß ein Tierarzt hinzugezogen werden. Auch Durchfall und Erbrechen mit Fieber sind kein Fall für Hausmittel.

Scheinschwangerschaft tritt bei manchen Hündinnen etwa acht Wochen nach der Läufigkeit auf. Sie sind unruhig, „bemuttern" irgendwelche Gegenstände, fressen schlecht und erbrechen gelegentlich. Das Gesäuge schwillt, Milch bildet sich. Abhilfe

Ch. Tasman Fruition. Der ausgeprägt maskuline Rüde ist einer der beiden Peppermint-Stammväter und einer der bedeutendsten Vererber seiner Rasse. „Chiefs"-Titel: Internationaler, Deutscher, CSSR, Luxemburger Champion, Bundessieger, Klubsieger, Mitteleuropasieger, BRABO-Winner schafft häufig wenig Fressen und Trinken bei viel Bewegung und Beschäftigung. Das Gesäuge kann mehrmals täglich mit kaltem Wasser befeuchtet werden, um Schwellung und Milchproduktion zu hemmen. Keineswegs soll die Milch ausgedrückt werden. Damit würde nur die weitere Milchbildung angeregt. Bei sehr starker Gesäugeschwellung und trotz Hausmitteln nicht nachlassenden Erscheinungen muß der Tierarzt verständigt werden.

Insektenstiche, vor allem durch das Schnappen nach Wespen und Bienen verursacht, können schnell zu erheblichen Schwellungen am Kopf oder, noch schlimmer, im Rachen führen. Äußerliche Kühlung mit Eiswürfeln und eine Tablette gegen Allergie ersparen oft nicht die möglichst rasche tierärztliche Behandlung.

Alarmzeichen

Fieber ist eine Abwehrreaktion des Körpers, meist auf Infektionen. Die Hundenase kann auch beim kranken Hund feucht und kühl sein. Die Temperatur muß mit einem Fieberthermometer (je nach Modell bis zu fünf Minuten) im Mastdarm gemessen werden. Sie darf nicht über 39 °C liegen. Untertemperaturen unter 37,5 °C entstehen infolge einer Reduzierung der Stoffwechselvorgänge häufig vor dem Tod.

Husten, als ob ein Knochen im Hals säße, tritt bei Mandelentzündungen auf. Ernstere Infektionen wie Zwingerhusten oder gar Staupe könnten auch vorliegen. Pumpende Atmung entsteht durch eine Lungenentzündung, aber auch durch Wasseransammlung in der Lunge, zum Beispiel infolge von Vergiftungen. Bei alten Hunden kann der damit verbundene Husten auch auf eine Herzschwäche zurückzuführen sein. Bauchpressen und Aufblasen der Backen sind Zeichen höchster Atemnot.

Schleimhäute im Auge und im Fang geben Hinweis auf innere Erkrankungen: Blässe deutet auf Blutarmut hin, Gelbfärbung auf Leberschäden mit Gelbsucht, Blutungen auf schwere Infektionen oder Vergiftungen, eine bläuliche Färbung tritt bei Herz- und Kreislaufschwäche auf.

Kot und Urin mit Blutbeimengungen lassen krankhafte Veränderungen erkennen. Bei Blutungen im Magen und in den vorderen Darmabschnitten kann der Stuhl durch das verdaute Blut pechschwarz aussehen. Nierenerkrankungen können auch mit erhöhtem Durst verbunden sein. Wenn Mattigkeit und Mundgeruch hinzukommen, ist meist bereits eine Harnvergiftung eingetreten. Harnsteine, Blasenriß oder Vergiftungen können dazu führen, daß überhaupt kein Urin mehr abgesetzt wird; dann besteht höchste Gefahr. Geschwülste, Prostatavergrößerungen und Mastdarmveränderungen erschweren den Kotabsatz. Verhärtete Knochenteile können den Enddarm völlig verstopfen. Erbrechen und zunehmende Mattigkeit bei fehlendem Kotabsatz sprechen für Darmverschluß oder einen Fremdkörper im Darm.

Speicheln wird im harmlosesten Fall durch Fremdkörper in der Maulhöhle oder durch lose Zähne verursacht, bedenklicher wäre eine E 605-Vergiftung oder Pseudowut, schlimmstenfalls ist an Tollwut zu denken.

Umfangsvermehrungen des Bauches bei sonst normalem Ernährungszustand oder zunehmende Abmagerung können durch Tumore oder Bauchhöhlenwasser hervorgerufen werden.

Bei einer Gebärmuttervereiterung besteht gleichzeitig fast immer starker Durst, gelegentlich auch Scheidenausfluß. Eine plötzliche Aufblähung des Bauches mit Kolik und Kreislaufschwäche, bedingt durch eine Magendrehung, erfordert unverzügliche Operation. Eine Entzündung der Kaumuskeln mit Schwellung und Verhärtung sowie hervortretenden Augäpfeln muß sofort tierärztlich behandelt werden.

Infektionen bedrohen die Gesundheit

Staupe und ansteckende Leberentzündung (Hepatitis) sind Viruskrankheiten, die für Junghunde besonders gefährlich sind, aber auch ältere Hunde befallen. Staupe beginnt mit einem häufig kaum merkbaren, kurzen Fieber, dem nach etwa acht Tagen eine schwere Lungenentzündung mit eitrigem Augen- und Nasenausfluß oder ein Durchfall folgt. Eine besondere Verlaufsform ist mit einer Verhärtung der Ballen verbunden. Nach scheinbarer Besserung treten nervöse Erscheinungen bis hin zu Krämpfen auf, die meistens zum Tod führen. Nach überstandener Staupe bleibt häufig ein nervöses Zucken der Kopfmuskeln, der „Staupetick", nach Erkrankungen im Junghundealter das „Staupegebiß" mit erheblichen Zahnschmelzdefekten zurück.

Die ansteckende Leberentzündung verläuft ähnlich, mit hohem Fieber, Apathie und Appetitlosigkeit. Hornhauttrübungen können bleibende Folgeschäden sein.

Stuttgarter Hundeseuche (Leptospirose) wird durch Bakterien verursacht und von Hund zu Hund übertragen. Sie beginnt häufig mit einer Schwäche in den Hinterbeinen. Geschwüre im Maul, Magen und Darm sind mit aasartig-faulem Maulgeruch und blutigem Durchfall verbunden.

Tollwut tritt bei Hunden nur noch selten auf. Die Seuche wird vor allem durch Füchse übertragen. Hinweisschilder warnen in gefährdeten Gebieten vor Tollwut. Die Krankheit ist besonders tückisch: Die typischen Wuterscheinungen mit heiserem Gebell, Wasserscheue, Unruhe und unmotivierter Beißwut fehlen häufig. Die »stille Wut« ist im Anfangsstadium schwer zu erkennen. Ein erkranktes Tier stirbt immer.

Parvovirose ist eine Viruskrankheit, die sich bei Hunden aller Altersgruppen in schweren, durch Erbrechen und Durchfall gekennzeichneten Erkrankungen äußert. Bei Welpen kann plötzlicher Herztod auftreten. Der Erreger ähnelt dem Katzenseuchevirus; eine wechselseitige Ansteckung zwischen Hund und Katze ist jedoch nicht möglich. Die Ansteckung erfolgt über Ausscheidungen von Hund zu Hund, aber auch durch Verschleppung angetrockneter Ausscheidungen, z. B. an Kleidungsstücken.

Impfungen schützen vor diesen Infektionskrankheiten

Welpen in gefährdeten Zuchten oder ungeimpfte Hunde mit verdächtigen Krankheitserscheinungen können mit einem Serum behandelt werden, das fertige spezifische Abwehrstoffe enthält. Diese „passive Immunisierung" schützt aber nur für zwei

Wie lange diese Freundschaft wohl währt?

bis drei Wochen. Der Käufer eines Hundes sollte den Impfpaß daraufhin genau prüfen.

Länger dauernden Schutz vermittelt nur die „aktive" Schutzimpfung. Dabei werden abgeschwächte oder abgetötete Infektionserreger eingeimpft. Der Körper reagiert darauf mit der Bildung eigener Abwehrstoffe. Bei den heute üblichen Kombinationsstoffen kennzeichnen die Buchstaben S, H, L, T und P die Wirksamkeit gegen die in Frage kommenden Seuchen (Staupe, Hepatitis, Leptospirose, Tollwut und Parvovirose).

Der Tanz kann beginnen

Welpen werden mit sechs bis acht Wochen das erste Mal geimpft und müssen dann mit etwa zwölf Wochen nach Impfplan nachgeimpft werden. Bei älteren Hunden genügt eine einmalige Grundimmunisierung. Der einmal gebildete Impfschutz baut sich im Laufe der Zeit ab. Kommt der Hund mit betreffenden Seuchenerregern in Berührung, so wird die Antikörperbildung aufgefrischt. Ist der Impfschutz aber bereits zu stark abgesunken, kann der Hund erkranken. Deshalb sind Auffrischungsimpfungen im Abstand von ein bis zwei Jahren erforderlich. Gegen die seit einiger Zeit wieder in bedrohlichem Umfang auftretende Staupe ist die **jährliche** Impfung dringend zu empfehlen, zumal bei einigen Kombinationsimpfstoffen der Staupeschutz ein Schwachpunkt zu sein scheint.

Ein sicherer Impfschutz des Hundes ist auch für den Menschen wichtig. Erkrankte Hunde können Leptospiren übertragen, die beim Menschen das „Canicola-Fieber" oder die „Weilsche Krankheit" hervorrufen. Hundetollwut ist wegen des engen Kontaktes für Menschen viel gefährlicher als Wildtollwut. Geimpfte Hunde übertragen keine Tollwut. Nach einem Kontakt mit verdächtigem Wild brauchen sie deshalb auch nicht getötet zu werden, wie dies für ungeimpfte Hunde gesetzlich vorgeschrieben ist.

Gegen andere Infektionen schützt Vorsicht

Toxoplasmose wird durch einzellige Schmarotzer hervorgerufen. Ihr Stammwirt ist die Katze. Bei anderen Tieren werden ansteckungsfähige Dauerformen gebildet. Hunde erkranken überwiegend durch infiziertes Schweinefleisch. Für die Ansteckung des Menschen wurden sie früher zu Unrecht verantwortlich gemacht.

Aujeszkysche Krankheit wird ebenfalls durch Schweinefleisch übertragen. Unstillbarer Juckreiz, Unruhe, Ängstlichkeit und Speichelfluß haben gewisse Ähnlichkeit mit Tollwut. Die Krankheit wird daher auch „Pseudowut" genannt. Schweinefleisch und in der Zusammensetzung unbekannte Fleischmischungen, zum Beispiel aus Supermärkten, müssen deshalb gut durchgekocht werden. Fertigfutter und Rindfleisch sind dagegen unbedenklich.

Zwingerhusten tritt vor allem in Tierheimen und Hundehandlungen auf. Unter begünstigenden Umständen lösen Viren und Bakterien gemeinsam Entzündungen von Luftröhre und Bronchien aus. Kennzeichnend ist ein kurzer, trockener Husten. Sekundärinfektionen können den Krankheitsverlauf verschlimmern. Einen gesunden Hund kauft man mit größter Wahrscheinlichkeit beim Züchter. Während des Urlaubs sollte man seinen Hund nicht in unbekannte Heime oder Pensionen geben oder ihn vorsorglich auch gegen Zwingerhusten impfen lassen.

Wurmkuren gegen unerwünschte Kostgänger

Spulwürmer können bei Junghunden zu Verdauungs- und Entwicklungsstörungen, zu Vergiftungserscheinungen und sogar zum Tod führen. Fast alle Welpen werden im Mutterleib mit Spulwürmern infiziert. Die ersten Wurmkuren soll schon der Züchter durchführen. Junghunde werden vierteljährlich entwurmt. Ältere Hunde beherbergen nur noch einzelne Würmer. Sie richten zwar keinen großen Schaden an, sind aber eine ständige Infektionsquelle. Hündinnen sollten zumindest sechs Wochen nach jeder Läufigkeit, Rüden mindestens einmal jährlich entwurmt werden. Bei festgestelltem Wurmbefall ist eine sofortige Entwurmung mit einer Wiederholungsbehandlung nach zwei bis drei Wochen erforderlich. Rohe Möhren garantieren keine Wurmfreiheit. Wirksame und verträgliche Mittel sind verschreibungspflichtig.

Sie wirken auch gegen andere Rundwurmarten, zum Beispiel gegen Hakenwürmer.

Spulwürmer sind auf ihre Wirtstierarten spezialisiert; wenn der Mensch Hundespulwurmeier aufnimmt, schlüpfen zwar Larven und beginnen ihre Wanderung im Körper, sie bleiben jedoch in Organen oder Muskeln stecken und können dort schmerzhafte Entzündungen verursachen. Besonders gefährdet sind „Krabbelkinder". Wurmkuren dienen daher auch dem Gesundheitsschutz der Familie. Auf Kinderspielplätzen haben Hunde nichts zu suchen.

Bandwürmer brauchen für ihre Entwicklung stets einen Zwischenwirt. Für den Hundebandwurm ist dies der Floh. Er nimmt die Wurmeier auf, aus denen sich eine Finne entwickelt. Der Hund „knackt" den Floh, die Finne wächst im Hundedarm zum fertigen Bandwurm aus. Mit dem Kot erscheinen nach geraumer Zeit einzelne kürbisförmige, anfangs noch bewegliche Bandwurmglieder oder ein längeres, deutlich gegliedertes Wurmende. Es gibt heute neben speziellen Spulwurm- und Bandwurmmitteln auch Präparate, die gegen beide Parasitenformen wirksam und dabei gut verträglich sind. Empfehlenswert ist eine systematische vierteljährliche Bandwurmbehandlung des Hundes. Zur Bandwurmkur gehört stets eine Flohbehandlung von Hund und Lager.

Besonders bei Jagdhunden kann auch der „gesägte Bandwurm" auftreten, dessen Zwischenwirte Hasen

119

und Kaninchen sind. Andere Bandwurmarten, die durch Fisch oder Wild, Rinder- oder Schafeingeweide übertragen werden, kommen seltener vor. Dazu zählt der „dreigliedrige Bandwurm", der auch dem Menschen gefährlich werden kann. Der Hund sollte zur Vorbeuge keine rohen „Konfiskat"-Innereien erhalten und daran gehindert werden, Kadaver von Wildtieren anzufressen. Für Menschen besonders gefährlich ist der vor allem in einigen Gegenden Mittel- und Süddeutschlands verbreitete „Fuchsbandwurm", der auch durch Hunde übertragen werden kann. Neben regelmäßigen Bandwurmkuren ist es die beste Vorbeuge, den Hund in Wald und Flur anzuleinen.

Gefahren für die menschliche Gesundheit?

Impfungen und Wurmkuren schränken Ansteckungsgefahren ein. Hygiene tut ein übriges: Selbstverständlich hat der Hund sein eigenes Lager und Futtergeschirr; beides ist peinlich sauber. Rasen und Wege werden von Hundekot freigehalten. Der Hund wird so erzogen, daß er das Gesicht nicht ableckt. Das Belecken der Hände ist Ausdruck seiner Zuneigung. Man darf sie dulden, denn man kann sich die Hände anschließend waschen. Vorsichtige können Lager, Hütte und andere hygienegefährdete

Stellen und Gegenstände regelmäßig desinfizieren. Die Mittel sollen gegen Viren, Bakterien und Pilze wirken. Zur Schnelldesinfektion eignet sich ein „Desinfektspray", der auch Ektoparasiten abtötet. Besonders angezeigt sind solche Maßnahmen, wenn der Hund eiternde Wunden, Ekzeme, Furunkel oder eine Vorhaut-, Zahnfleisch- oder Mandelentzündung hat. Diese Infektionen sind konsequent zu behandeln. Eitererreger können auch beim Menschen Komplikationen verursachen. Vorsicht ist stets bei schlecht heilenden oder sich ausbreitenden Ekzemen geboten: Räudemilben sind zwar auf Tierarten „spezialisiert", können jedoch auch beim Menschen juckende Hautrötungen verursachen. Hautpilzinfektionen sind auf Menschen übertragbar. Daher sollte man umgehend eine Spezialuntersuchung und Behandlung veranlassen. Pilzinfektionen entstehen nur, wenn sich die Erreger länger als 12 bis 24 Stunden auf der menschlichen Haut einnisten können. Gründliches Waschen bannt die Gefahr. Zusätzliche Sicherheit bietet ein Handdesinfektionsmittel, das nach Berührung verdächtiger Stellen oder Ausscheidungen in die Hände eingerieben wird.

Allergien sind auch durch größte Sauberkeit nicht immer zu vermeiden. Einige Menschen reagieren bei Kontakt mit Tierhaaren und -hauttei-

len mit Ausschlägen oder Atembe-
schwerden. Katzen, Meerschwein-
chen und Vögel sind viel öfter als
Hunde die Auslöser; viele andere
pflanzliche und tierische Stoffe
kommen hinzu. Die Allergieursache
kann von einem Hautarzt durch
Spezialtests auf der Haut ermittelt
werden. Auf Verdacht braucht also
kein Hund abgeschafft zu werden.
Und vor der Anschaffung eines West
Highland White Terriers brauchen
auch gesundheitsbewußte Hundefreunde nicht zurückzuschrecken.

Der alternde Westie

Die schottischen Terrierrassen sind in der Regel äußerst langlebig, und ein West Highland White Terrier kann bei sorgfältiger Haltung und Pflege durchaus 15 Jahre und länger unser Weggefährte sein. Dabei läßt er häufig bis zum 10. Lebensjahr kaum die Spur eines Alterungsprozesses erkennen –, er verkörpert immer noch jene faszinierende Mischung aus Selbstbewußtsein und Freundlichkeit, Charme und Härte, Intelligenz und Aktivität, die uns im Laufe der Jahre so vertraut geworden ist.

Schon 1935 läßt uns Rowland Johns über den Westie wissen: „Die Rasse scheint anmutiger zu altern als viele andere, und ihre großen starken Zähne bleiben gewöhnlich länger in gutem Zustand erhalten, als dies bei anderen Rassen üblich ist. Der West Highland erreicht, wenn er sorgfältig gepflegt wird, glücklich und gesund ein beachtlich hohes Alter. Es ist nicht ungewöhnlich, ihn mit elf oder zwölf Jahren noch in blendender Verfassung zu finden."

An dieser Stelle scheint der Hinweis geboten, daß die gängige Umrechnungsformel, die ein Hundejahr pauschal sieben Menschen-jahren gleichsetzt, als unbrauchbar angesehen werden muß. Zwar ist im Hinblick auf das Altern kaum eine Rasse wie die andere und innerhalb einer Rasse erst recht kein Hund wie der andere. Dennoch kann nach dem aktuellen Stand der veterinärmedizinischen Erkenntnis für kleinwüchsige Rassen beim Vergleich des menschlichen Lebensalters mit dem des Hundes unter Berücksichtigung der von Niemand entwickelten Altersformel folgende Beziehung als hinreichend aussagefähig gelten:

Es entspricht

– das erste Hundejahr 15 Menschenjahren,
– das zweite Hundejahr 9 Menschenjahren und
– jedes weitere Hundejahr 4 Menschenjahren.

Nichtsdestoweniger – auch ein Westie muß gewöhnlich jenseits des 10. Lebensjahres dem Alter seinen Tribut zollen. Bei all seinem immer noch vorhandenen Tatendrang benötigt er jetzt doch mehr Schlaf und längere Ruhepausen, den früher so geschätzten Gewaltmärschen zieht er nun dosiertere Bewegungsübungen vor, und allmählich lassen auch Gehör und Sehkraft et-

was nach. Altersgerechte Haltung und Pflege erfordern jetzt vor allem:
– Ein Mehr an Zuwendung durch seine Bezugsperson, zumindest aber menschliche Nähe und einen warmen Ruheplatz mit einer weichen Unterlage.
– Einen Futterplan, der statt einer großen zwei bis drei kleinere Mahlzeiten vorsieht; diese sollten aus hochwertigen, leicht verdaulichen Nahrungsmitteln bestehen und mit Vitamin-Mineralstoffzusätzen angereichert sein; hingegen dürfen Knochen nicht mehr verfüttert werden, um Stuhlverhärtungen zu vermeiden.

– Eine besonders sorgfältige Zahn- und Fellpflege.
– Mindestens eine jährliche Gesundheitskontrolle durch den Tierarzt. Bei Hündinnen ist häufig das Entfernen von Eierstöcken und Gebärmutter angezeigt, um Scheinträchtigkeiten und Schlimmeres zu vermeiden.

Wer die Vertrautheit und Zuneigung eines alternden West Highland White Terriers erlebt hat, wird feststellen, daß dessen Attraktivität im Alter keineswegs geringer ist als in seinen jüngeren Jahren, sie wandelt sich vielmehr insoweit, als Aktivität und Härte nach und nach zu-

gunsten der übrigen Wesensmerkmale zurücktreten.

Das Wohlbefinden unseres „alten" Westies leidet keinesfalls, wenn jetzt ein Westie-Welpe ins Haus kommt, um einen kontinuierlichen Übergang zu sichern. Als die anerkannte „Nr. 1" der Rangordnung wird unser Alter den Zuwachs gern akzeptieren und die denkbar beste Erziehungshilfe leisten.

Gerade einem alten Hund im Krankheitsfalle besondere Pflege zuteil werden zu lassen, sollte selbstverständliche Pflicht eines jeden Tierfreundes sein.

Einen alten, unheilbar kranken Hund indessen nicht von seinen Leiden zu erlösen, heißt ihn aus menschlicher Schwäche quälen –, wobei die Art der Schwäche bei Hundehaltern und manchen Tierärzten durchaus sehr unterschiedlich sein mag.

Wenn ein alt gewordener Westie nicht friedlich in seiner vertrauten Umgebung sterben kann, weil er durch eine erlösende Spritze vor einem schmerzhaften Dahinsiechen bewahrt werden muß, so ist es sicherlich kein Zeichen von Tierliebe, ihn jetzt beim Tierarzt allein zu lassen: Halten Sie ihn in Ihren Armen, damit er angstfrei die erlösende Injektion bekommen kann, und nutzen Sie so die letzte Möglichkeit, ihrem Hund für seine Treue und Zuneigung zu danken.

DOGS

BY

WELL-KNOWN AUTHORITIES

Edited by HARDING COX

In Five Volumes

Profusely Illustrated with full-page Plates finely
printed in Colours and in Photogravure from Originals
specially painted for this work

BY

MAUD EARL, MARGARET COLLYER, FRANCES C. FAIRMAN
THOMAS BLINKS, JOHN EMMS, ARTHUR WARDLE

VOLUME I.

THE TERRIERS

LONDON
FAWCETT, McQUIRE & CO., Limited
508-9, Birkbeck Bank Chambers
1906

The White West Highland Terrier.

By Colonel Malcolm, C.B., of Poltalloch.

"TIR na beann na gleann sna gaisgeach "—Land of hills, of glens, and of fighters, of thee do I sing ; but of the hills and glens as the homes of the badger, otter and fox, and as the birthplace of the little fighters who follow them into their cairns, and entering joyously into the strife, fight with each and all to the death, or till defeat of the quarry drives it into the open to meet, or at any rate run the risk of meeting, death from man by the aid of villainous saltpetre, or other lethal engines.

Those who know the Highlands of Scotland, even slightly, must have remarked many places where bare rock stands out upon the hill-side, and below the rock face a chaos of huge stones—debris fallen from the rock face in years, in ages, gone by ; whilst some, perchance, were added but yesterday to the heap.

Within the chaos, however, there may be dry and comfortable lying for the objects of our chase ; whilst food being plentiful, they may take their ease, increase and multiply according to nature's laws, and live happy and undisturbed lives, unless—

Unless what? Well, sufficient for present purpose to say—unless a tidy pack of terriers comes by, as is still a possibility in the West Highlands.

Why in the West?

Because, unfortunately, in most parts of Scotland the terrier is now bred on show lines, and bred too big and too heavy and too broad in the beam, for the work. Even in Argyleshire, near Oban, fox-hunting by terriers in the old style has been given up of late years, "Because, my dear fellow, I tell you, you can't get a terrier nowadays that can follow a fox, they're all too big."* This was said to the writer by the owner of the property in question.

Now, Argyleshire is a wonderful country for this kind of sport. It will seem incredible, but the writer believes he is correct in saying that in all Argyleshire there is no spot over four miles from the sea.

Think of the miles upon miles of seacoast with all their choice of cairns for otters, and ever with food at hand for the fisher folk.

Talking of cairns, there is at least one place known to the writer in which dogs may hunt the otter for three-quarters of a mile underground and among rocks, close to the sea, without ever coming into the open.

Other places—a flash and a plunge, and the otter is safe in the sea ; unless indeed, the gunner loosed his gun off by instinct and spoiled the plunge.

Some holts of the otter there are, painfully to be learned, into which a terrier may go, but out of which he hardly ever comes. The secret of this is simple. As the manager of

* [Here we must join issue with the gallant Colonel. We opine that there are numerous show terriers—Fox, Scottish, and Welsh (Irishmen are admittedly bred too large for the work)—that can follow a fox, otter, or badger into any normal lair.—Ed.]

The White West Highland Terrier.

the lunatic asylum said to the patient who, having got hold of him, proposed to jump from the top of the house to the bottom, " My dear fellow, any fool could do that ; let's go down to the bottom and jump up, that's much more difficult."

The otter being as much at home in the water as on land, finds no difficulty in making a home where the front door is closed by the sea, and he dives out of it. But the habits of the terrier being different he is shut in by the sea, and unable to jump on to the top of some rock, from whence he has descended with ease, attracted by the winning scent. To him the end comes with the advancing tide, and like Pharaoh and his captains, he is drowned in the sea.

I have striven in the foregoing to present a picture of the conditions under which the terrier must do his work in the West Highlands, for a knowledge of these conditions will prepare the reader to appreciate the sort of dog that is required.

Evidently such an one must, for his own life's sake, be exceedingly active, his bite must be terrible, his courage without end, his strength must be great, his body light, and as small as other circumstances admit of ; he must, at any rate, be able to follow where a fox can go ; though I am prepared to confess to knowing one place at least where there is room for an otter to pass between two rocks one over the other, where no dog fit to tackle an otter could hope to pass ; in addition he must have lots of brain-power to foil the stratagems of wily hunting beasts the moment he meets them.

Then, as befits a country so washed by the tempestuous seas, he needs a coat in which he may meet the weather and be dry and warm, indifferent to what the winds or the skies may do.

Let me sum up qualities which I consider indispensable—

> Courage ;
> Bite and Grip ;
> Activity ;
> Strength ;
> Lightness ;
> Brains ;
> Coat as described.
> In fact a *multum in parvo.*

Now all these qualities are to be found in the pure West Highland Terrier, a breed which, although but recently brought to the front in dog-shows, is no freak from the fashionable black or brindled Aberdeen terrier ; but a distinct strain that has a history, as we now know from recently published historical manuscripts, older than the time of James I. of England, and VI. of Scotland, who wrote from England to Scotland to get " earth dogges " from " Argile," which he wanted to send as a present to some one in France. The King of Scotland knew where to send for the best terriers ; but as even now, with all the modern developments in the way of locomotion, it is most difficult and expensive to send dogs from the West Highlands and Islands to shows ; so in the earlier times it was impossible; and the dogs which could be shown, make names, and gain public applause, by degrees invaded the West Highland country, and did not improve the native breed.

The natives, however, as I have been told, were made use of to improve the East Coast dogs to some extent, for there is a queer story of one terrier having

The White West Highland Terrier.

disappeared from about Oban way, and an enthusiastic breeder, looking at "The Dogs of Scotland," pointed out to the writer two of the champion dogs, whose grand-fathers, he knew, came from the kennels at Poltalloch, into which the stain of East Coast terrier blood has never been allowed to intrude.

The ideal White West Highland Terrier should not exceed 18 pounds in weight, and his lady wife should not weigh more than 16 pounds ; he must be strong and active, but not heavy in build. A picture will say more than words can, and one is given of "Boidheach," who is a great favourite wherever shown, at present the leader of my fighters.

His neck should be rather long. His jaws must be light, holding very powerful teeth, as much like a fox's as possible, for the lighter the fore part of the under jaw, the more successfully can the strong muscles at the back of the jaw, which close the mouth, act.

His face is the better for growing mustachios and whiskers, and his neck a thick ruff. These act as armour in a fight. But how shall I describe his fine, beautiful thoroughbred head—broad, capable, with loving, trustful eyes—a type which can only be learned by seeing, but which cannot be written or explained in cold black and white? The best type has on the forehead the softest, silkiest hair, which gradually becomes harsher as it approaches the haunches.

His body must be clothed with a thick down to keep him warm, covered with longish hair to keep him dry ; coat not like that of the impossible show-bench Skye, trailing along the ground, but like the practical Skye, sufficiently long for protective purposes without impeding the dog's activity in any way.

A great many people set store on the coat being hard and harsh to the touch. I know that I shall be exclaimed against, but the fact is that there is no value in harsh hair to make it desirable ;* whilst there is this against it, that for bench purposes it is the easiest thing in the world to fake.

The Ears.—This is entirely a question of fashion, which it seems now has declared for prick ears ; personally, I think that drop ears are a better protection for the hearing apparatus and keep sand out more effectively than prick ears, and whilst prick ears give the impression of sharpness, drop or half-drop ears give the impression of wisdom. The eyes should be dark and not set closely together, and with a broad forehead should give a gentle confiding look. The nose and the roof of the mouth should be black.

Room for plenty of brains is *sine quâ non* for an animal that has to invade the stronghold of another and kill him at sight, in a place he never visited before. I want to impress upon my readers that the dogs I am writing about are genuine "terrieres or earth-dogges," as King James called them, and have to fight for their lives in fastnesses, which they have never seen, deep in the bowels of the earth, and in most cases where it is perfectly dark.

My dog "Boidheach," whose picture is given, when quite young, paid his first visit to a fox cairn, and having assisted in bolting a fox, was racing away at the head of the

---

* [This remark of the writer's we are inclined to endorse. In our article on "Fox Terriers" we were guilty of the Hibernianism that a soft-coated, "wire-haired" Fox Terrier was just as serviceable for all practical purposes as the most orthodox owner of a pin-wire jacket.—ED.]

o 2

The White West Highland Terrier.

pack close on the fox's heels ; the latter was eventually marked by an assistant keeper to lie up under a tree.   When the pack got fairly near he threw the fox to the leader, " Boidheach," who at once fastened on Reynard's breast, and never let go till he had squeezed the life out of his victim.

N.B.—This dog was at a recent show written of, by a critic in a doggy paper, not by the judge, as being too light in the jaw ! !

Another of my dogs killed a badger in his native rocks by himself.   I know he did it alone, because I was present, and I heard him tell one or two of the pack in unmistakable language to " get out of that," and out of that I saw them come.   When he was satisfied he himself came out and rattled his ears.   I saw him on the top of a rock some twenty feet above where he had gone in, and he came to me with one big gash in his face, having the air of a dog who had done his duty and enjoyed it ; the badger apparently recovered just enough to come out and die at the foot of the rock where he was found next day.

Another quite young dog that I had given to a keeper friend of mine began by killing a cat on the hills when about six months of age, and when a little over a year old, went single-handed into a cairn where there was a vixen and at least one cub.   He first attacked the cub, either drove it out or killed it, I forget which, and then returned to fight the vixen.   She fought hard and well, and after a long time he came out horribly ripped open.   His master gave him a drink and replaced the entrails as well as he was able.   Directly the dog was fairly comfortable he slipped away, went back to the fight, and finally forced the vixen into the open ; but alas ! he did not recover his hurt.

I have a dog in my kennels at present who when a puppy aged ten months, at his first fox hunt, when he was only supposed to play about and learn things, went into the dark and met a young vixen, who had been forced by the pack from her lair and was making for the open.   He seized her by the throat, held her till the pack came up, and was found still holding on when, after incredible labour, the keepers managed to prise away a big rock and get at them.

There had been a desperate fight, and every one of the pack was fearfully cut about ; but they were at it again as soon as their wounds were healed.

I mention these little tales of my own knowledge, because when I first showed these dogs at Earl's Court years ago, the knowing ones told my keeper to advise me " not to keep these baby-faced things—they're no good."

This is not the place for me to recapitulate what I have already said in *The Field* and elsewhere about the advantage of a light fore-jaw for a dog who has to fight like a West Highland Terrier, but perhaps I may put the question in another way here.

As companions they are easily taught, very cleanly in the house, and altogether lovable.

White dogs, I am told, were common enough in old days ; then came a time when the breeder put away any white pups.

I have known them well for over fifty years, and for the last forty-five have rarely been without one.   I preferred the white ones as most easily seen, for they are terrible hunters if not well trained when young.   If I had to go abroad my white dogs went back home, and so it was found that white ones were as good as, or better than,

92

The White West Highland Terrier.

the others; though more and more white puppies are dropped at Poltalloch as each generation comes on. This is the history of my own kennel, but when I first showed my dogs in Edinburgh some ten or twelve years ago I received a most enthusiastic letter from an old gentleman, saying how glad he had been to see once more the exact type of terrier with which he had been used, fifty years before, to hunt the otter on the shores of Loch Fyne.

I hope I have not said too much about my pets and not enough to show the dog authorities that they have in the West Highland Terrier not any mongrel born in the West Highlands, but a true type of dog which has been going for centuries in the West Highlands; and, that being recognised, I trust that the Club which was formed to encourage and protect the breed will strive hard to prevent its being "judged" back to the black Aberdeen type, which is acknowledged generally to be a recent invention of the show bench.

I will conclude this tale by adding that during the first five years after my father's death, my brother's terriers and mine in different parts of this estate killed, or were more or less concerned in killing, no less than 603 foxes, and we kept at it until he died; but I have not got the numbers complete. However, during the last three seasons I find that 74 foxes and 4 otters are listed, and this means that the animals have been seen, no credit being taken for cubs killed inside a cairn. I just note this to indicate that what my keepers and terriers don't know about hunting the fox in the West Highlands of Scotland can hardly be worth knowing.

E. D. Malcolm Colonel
of Poltalloch

93

Anhang

Anschriften, die Sie kennen sollten

Verband für das Deutsche Hundewesen
e. V. (VDH)
Westfalendamm 174
D-44141 Dortmund 1

Klub für Terrier e. V. von 1894 (KfT)
Postfach 1328
D-65442 Kelsterbach/Main

Fédération Cynologique
Internationale (F.C.I.)
13 Place Albert I
B-6530 Thuin/Belgien

The Kennel Club
1 Clarges Street, Piccadilly
GB-London W 1

Österreichischer Klub für Terrier
Haymogasse 55/G
A-1238 Wien

The West Highland White Terrier Club
of England
7 Pottery Lane, Woodlestord
GB-Leeds LS 26 8 PH

Finnischer Westieklub
WESTIEKERHO
Sekretariat
Taavinharju 22 C 2
SF-02180 Espoo

Schweizerische Kynologische Gesellschaft
(SKG)
Länggassstr. 8
CH-3001 Bern

Raad van Beheer op Kynologisch Gebiet in
Nederland
Postbus 75901
NL-1070 A.X. Amsterdam Z.

Union Cynologique Saint-Hubert
du Grand-Duché de Luxembourg
Boite Postale 69
L-4901 Bascharage

Österreichischer Kynologen-Verband
(ÖKV)
Johann-Teufel-Gasse 8
A-1238 Wien

Österreichischer West Highland
White Terrier Club
Geschäftsstelle
A-2294 Groissenbrunn 15

Club Royal Belge de Terriers
Paviljoendreef 28
B-2232 s'Gravenwezel

Dansk Terrier Klub
Hagemannsvej 30
DK-8600 Silkeborg

Literatur

Burns/Fraser 1968: Die Vererbung des Hundes, Reutlingen.

Cartledge, J. und L. (Hrsg.), 1973: The Complete Illustrated West Highlalld White Terrier, London.

Cox, H. (Hrsg.) 1906: Dogs by well-known Authorities, Vol. 1: The Terriers, London.

Dennis, D. M.: The West Highland White Terrier, London.

Faherty, R., 1981: Westies from Head to Tail, Loveland, Colorado.

Hands, B., 1977: The West Highland White Terrier, Edinburgh/London.

Klub für Terrier e. V. (Hrsg.): Der Terrier. Heft 3/1979.

Marvin, J. T., 1977: The Complete West Highland White Terrier, New York.

Pacey, M., 1963: West Highland White Terriers, London.

Palmer, J., 1982: Die schönsten Rassehunde in Farbe, Köln.

Peper, W., 1987: West Highland White Terrier, Mürlenbach.

Räber, H.,1974: Brevier neuzeitlicher Hundezucht, Bern.

Rheenen, J. Van, 1969: Das Lexikon für Hundefreunde, Berlin.

Weiterführende Literatur aus dem Parey Buchverlag

BEYERSDORF, P., 1993: Dein Hund auf Ausstellungen. 2. Auflage

BURTZIK, P., 1996: Erziehung und Ausbildung des Hundes. 5. Auflage.

FIEDELMEYER, L., 1983: Kauf, Pflege und Fütterung des Hundes. 3. Auflage.

HEGENDORF, 1980: Der Gebrauchshund. Haltung, Ausbildung und Zucht. 14. Auflage

KOBER, U., PEPER, W., 1995: Pareys Hundebuch. 2. Auflage.

POORTVLIET, R., 1987: Mein Hundebuch. 2. Auflage.

QUEDNAU, F., 1987: Rechtskunde für Hundehalter.

SCHMIDTKE, H.-O., 1984: Gesundheitsfibel für Hunde. 2. Auflage.

WEIDT, H., 1996: Der Hund, mit dem wir leben: Verhalten und Wesen. 3. Auflage.

Bildnachweis

Titelbild Atelier Feldmann, Dortmund

Frontispiz, Seiten 19, 89, 110
Inga Flamang, Düsseldorf
Zwinger: „v. Märchengarten"

Seite 11
Elsbeth Clerc, Boll/Schweiz
Zwinger: „Rannoch"
(Fotoatelier: Anne Roslin-Williams, GB)

Seiten 24, 25, 29, 43, 48, 49, 50, 55, 60, 65,
71, 76, 93, 95, 97, 103, 104, 108, 121
Britta und Elke Peper, Dortmund
Zwinger: „Peppermint"

Seiten 30, 34, 48, 57, 58
Karl und Rainer Riemenschneider, Reckling-
hausen

Seite 62
Sieglinde Osmers, Dedenbach
Zwinger: „of Kilmarnock"

Seite 66
Elsbeth und Karl Koch, Duisburg
Zwinger: „v. Grindsbruch"

Seite 86
Andrew und Sue Thomson
Zwinger: „Ashgate"
(Fotoatelier: D. Pearce, GB)

Seiten 106, 107
Kynologische Keramik Peter Mullen,
Dorsten
(Fotoatelier: Roberto)

Seite 114
Fotoatelier: Roberto, Gronau

Seite 116
Anja Bongartz, Mönchengladbach

Seite 117
Marie-Paule Beicht-Cocard, Luxemburg

Zeichnungen

Seiten 20, 56, 67, 93, 103, 124
Maija Mäkinen, Helsinki

Seiten 22, 26, 31, 42, 72, 75
Renate Dolz, München

U. Kober / W. Peper
Pareys Hundebuch
2., neubearbeitete Auflage.
1995. 271 Seiten mit
252 Abbildungen,
davon 210 farbig.
14 x 22 cm. Gebunden.
DM 58,– / öS 429,– / sFr 58,–
ISBN 3-8263-8033-9

Der kindersichere Hund
Freund, Beschützer, Spielgefährte
1996. Ca. 120 Seiten mit
ca. 60 farbigen Abbildungen.
14,5 x 19 cm. Gebunden.
DM 29,80 / öS 221,– / sFr 27,50
ISBN 3-8263-8407-5

R. Poortvliet
Mein Hundebuch
Aus dem Holländischen.
2. Auflage.
1987. 232 Seiten mit über
750 meist farbigen Zeichnungen.
22 x 28 cm. Gebunden.
DM 64,– / öS 474,– / sFr 64,–
ISBN 3-8263-8261-7

H. Niemand / P. Suter (Hrsg.)
Praktikum der Hundeklinik
Mit Beiträgen von J. Arndt,
S. Arnold, B. Bigler et al.
8. Auflage. 1994. XXII, 816 S. mit
405 Abb., davon 60 farbig, 123 Tab.
21 x 28 cm. Gebunden.
DM 228,– / öS 1687,– / sFr 228,–
ISBN 3-8263-3002-1

Parey Buchverlag · Berlin

Preisstand: 1. Juni 1996

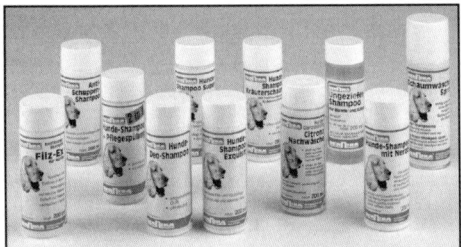